유귀열의 초초 요리법

1판 2쇄 발행 2022년 5월 20일

지은이	유귀열
펴낸이	김선숙, 이돈희
펴낸곳	그리고책(주식회사 이밥차)

주소	서울시 서대문구 연희로 192(연희동 76-22, 이밥차 빌딩)
대표전화	02-717-5486~7
팩스	02-717-5427
홈페이지	www.2bab.co.kr
출판등록	2003.4.4. 제10-2621호

본부장	이정순
편집 책임	박은식
편집 진행	홍상현
요리 진행	이밥차 요리연구소
마케팅	백수진, 임정섭
영업	이교준
경영지원	문석현
교열	김혜정
푸드 스타일링	이화영
포토디렉터	율스튜디오 박형주
표지 디자인	이성희
본문 디자인	김성은

@ 유귀열
ISBN 979-11-970531-2-2 13590

- All rights reserved. First edition printed 2020. Printed in Korea.
- 이 책을 무단 복사, 복제, 전재하는 것은 저작권법에 저촉됩니다.
- 값은 뒤표지에 있습니다. 잘못 만들어진 책은 바꾸어 드립니다.
- 책 내용 중 궁금한 사항이 있으시면 그리고책(Tel 02-717-5486, 이메일 tiz@2bc.co.kr)으로 문의해 주십시오.

"
쉽게
맛있게
자신 있게
"

유귀열의 초초 요리법
초간단 초스피드

유귀열 지음

그리고책
andbooks

PROLOGUE

" 반찬 하나로
밥상을 차려볼까요? "

여러분 반갑습니다. 한식조리기능장이자 방송인 유귀열입니다.

많은 분들이 '갓귀열'로 불러주시는데 좀 부끄럽네요. 요리 걱정을 덜어주는
신의 손이라 갓귀열이라는데, 그 만큼 제가 만든 요리를 사랑해주신다고
생각하니 감사할 따름입니다. 드디어 30년 요리 인생의 노하우를 담아 첫 책을
펴내게 되었습니다. 그동안 모아놓았던 요리법을 찾아 정리하고 다시 쓰면서
새로운 도전을 경험했습니다. 요리 인생의 노하우를 전부 담아 이 책에 담느라
정말 고민하고 또 고민했습니다. 이 책이 여러분의 요리 걱정을 또 한 번
날려드릴 수 있다면 정말 좋겠다고 생각해요.

요리라는 것은 정말 어렵고 고민되죠. 하루 3끼. 1년이면 1,000번 가까이 밥상을
차려야 한다니 정말로 고민됩니다. 수백 개의 요리법을 알고 있는 조리기능장도
아침상의 반찬을 고민한답니다. 혼자 먹는 밥상도 고민이고 가족과 함께 먹는
밑반찬도 걱정이죠. 옛날 사대부들은 10첩 반상을 받아 식사했다는데,
밥과 국을 빼고도 10가지 반찬이라니 밥상을 차리는 입장에서는 정말 돌아버리겠네요.
10첩 반상은 아니더라도 식구들을 위해 정성스럽게 몇 가지 반찬을 준비했는데
입맛 없다며 맛이 별로라며 수저를 뜨다 마는 식구가 있다면 정말 다시는 밥을 차려주기
싫죠. 그만큼 반찬 걱정은 끝이 없고 헤어날 수 없는 미로와도 같답니다.

저는 조리사 자격을 따고 외식업계에서 일하던 1999년에
일본 도쿄의 한식당 '청기와'에 스카우트되었어요. 40대 중반에 두려움을 안고
한국을 떠나 일본에서 생활하며 고객들에게 한식 요리로 10첩 반상을 차려드렸죠.

한식당에서 한국 요리를 만들었지만 평소에는 일본의 식사법을
경험할 기회가 많았어요. 일본 가정식 밥상은 한국의 밥상과는 조금 달라요.
밥과 국, 그리고 돼지고기감자조림이나 생선구이 같은
한 가지 요리를 나눠 먹는 정갈하고 소박한 식사가 특징이랍니다.

따끈하게 갓 지은 밥과 정성스러운 반찬 하나로 식사를 하면 어떨까요.
식당에 가면 여러 반찬이 나오지만, 집에서 식구들과 식사할 때 반찬 서너 가지를
그때그때 만들어 내는 것은 정말 힘든 일이에요. 외식업계에서 경영인으로 일하고
방송에도 출연하다보니 하루가 정신없지만 그래도 밥은 꼭 챙겨 먹습니다.
조리기능장이니 10첩 반상도 문제없겠다고요?
아니에요. 반찬 걱정은 기능장이든 요리 초보이건 간에 모두 한마음이랍니다.

그래서 저는 밥상에 간단한 반찬 하나 놓고 먹습니다. 냉장고에 연근이 있으면
연근조림, 주꾸미가 신선하면 주꾸미맑은탕. 가지가 제철이면 어묵가지튀김을 해요.
휘리릭 조리해서 식탁에 툭 올려놓으면 이것으로 밥상 완성이죠.
이것저것 고민하지 말고 신선한 제철 요리 하나 놓고 맛있게 먹자고요.

이 책이 작게는 여러분들에게 오늘 반찬 뭐 먹지라는 고민을 해결해드리고,
나아가 밥, 국·찌개, 반찬 3가지라는 한식 밥상의 정석을 깨버렸으면 하는 바람이에요.
반찬 여러 개 뭐 필요한가요. 반찬 하나로도 맛있게 먹으면 되죠. 오늘부터
반찬 딱 하나 놓고 밥상을 차려보세요. 10첩 반상의 걱정을 날려버리면 즐거운 마음으로
주방에 들어갈 수 있답니다. 행복한 주방을 위해 식구들도 모두 도와주자고요.

CONTENTS

프롤로그 4
계량법 8
갓귀열의 꿀팁 10

PART 1
매일 반찬

진미채땅콩무침 16
호두강정 18
세발나물달걀말이 20
알감자치즈 22
청포묵콩가루무침 24
생표고버섯강정 26
양념생깻잎 28
된장톳두부무침 30
굴초간장회 32
물미역초회 34
톳곤약조림 36
도라지오징어무침 38
호두연근조림 40
오이진미채무침 42
더덕북어무침 44
통곡물오징어젓갈 46
오이꼬시래기무침 48
마른멸치무침 50
무된장박이 쇠고기볶음 52
곤약메추리알조림 54
북어보푸라기 56

PART 2
건강한 나물

오이지 60
애호박달래간장 62
무생채 64
양배추깻잎초절임 66
우엉영양부추무침 68
건파래무침 70
토마토겉절이 72
해초샐러드 74
감자샐러드 76
두부달래장 78
시금치나물 80
치커리나물 82
참나물 84
연근무침 86
궁채나물 88
알타리동치미 90

PART 3
맛보장 전·튀김

청양고추전 94
치즈감자전 96
냉이튀김 98
어묵가지튀김 100
새우초석잠튀김 102
늙은호박전 104
김치전 106
애호박새우전 108
굴전 110
쇠고기가지튀김 112
도라지튀김 114

PART 4
손쉬운 볶음·구이

김치어묵볶음	118
새송이감자볶음	120
멸치부추볶음	122
청국장가지구이	124
가지된장구이	126
통도라지찹쌀구이	128
뱅어포구이	130
실오징어채볶음	132
감자채볶음	134

PART 5
든든한 국·찌개

김치콩나물국	138
들깨탕	140
순두부찌개	142
고추장찌개	144
시금치된장국	146
얼큰버섯전골	148
얼큰주꾸미전골	150
황탯국	152
주꾸미맑은탕	154
돼지고기육개장	156
대구탕	158
우럭매운탕	160
동태탕	162

PART 6
완벽한 메인요리

돼지갈비강정	166
우엉곤약잡채	168
곤약감자조림	170
시래기코다리조림	172
묵은지찜	174
갈치조림	176
대파불고기	178
주꾸미삼겹살	180
대파제육볶음	182
시금치돼지불백	184
차돌박이숙주볶음	186
황태구이	188
소갈비찜	190
비빔국수	192
돼지고기홍삼고추장구이	194

PART 7
고수의 일품요리

새우겨자냉채	198
말린도토리묵	200
실파김치	202
떡잡채	204
관자셀러리냉채	206
목이버섯냉채	208
족발냉채	210
육전	212
가지냉채	214
가지강정	216
배추겉절이	218
바지락칼국수	220
더덕고추장불고기	222
참외생채비빔밥	224
수육부추무침	226
조기조림	228
감자채잡채	230

INDEX	232

잣귀열의 꿀팁
계량법

요리를 할 때 계량은 항상 일정한 맛을 내기 위한 첫 걸음이에요.
계량컵이나 계량스푼을 사용해도 좋고, 집에 있는 밥숟가락이나 종이컵 등을 사용하면 더 간단해요.

밥숟가락으로 계량하기

가루류

설탕 1

숟가락으로 수북이 떠서
위로 볼록하게 올라오도록 담아요.

설탕 0.5

숟가락의 절반 정도만
볼록하게 담아요.

설탕 0.3

숟가락의 $\frac{1}{3}$ 정도만
볼록하게 담아요.

다진 재료

다진 마늘 1

숟가락으로 수북이 떠서
꼭꼭 담아요.

다진 마늘 0.5

숟가락의 절반 정도만
꼭꼭 담아요.

다진 마늘 0.3

숟가락의 $\frac{1}{3}$ 정도만
꼭꼭 담아요.

장류

고추장 1

숟가락으로 가득 떠서
위로 볼록하게 올라오도록 담아요.

고추장 0.5

숟가락의 절반 정도만
볼록하게 담아요.

고추장 0.3

숟가락의 $\frac{1}{3}$ 정도만
볼록하게 담아요.

액체 양념류

간장 1

숟가락 한가득
찰랑거리게 담아요.

간장 0.5

숟가락의 가장자리가
보이도록 절반 정도만 담아요.

간장 0.3

숟가락의
$\frac{1}{3}$ 정도만 담아요.

종이컵으로 분량 재기

육수 1컵=180㎖
종이컵에 가득 담아요.

육수 ½컵=90㎖
종이컵의 절반만 담아요.

밀가루 1컵=100g
종이컵에 가득 담아 윗면을 깎아요.

다진 양파 1컵=110g
종이컵에 가득 담아 윗면을 깎아요.

아몬드 ½컵
종이컵의 절반만 담아요.

멸치 1컵
종이컵에 가득 담아요.

눈대중으로 분량 재기

애호박 ½개=100g

양파 ½개=50g

무 1토막=150g

당근 ½개=100g

대파 흰 부분 1대=10cm

마늘 1쪽=5g

생강 1톨=7g

돼지고기 1토막=200g

손으로 분량 재기

콩나물 1줌
손으로 자연스럽게 한가득 쥐어요.

시금치 1줌
손으로 자연스럽게 한가득 쥐어요.

국수 1줌=1인분
500원 동전 굵기로 가볍게 쥐어요.

갓귀열의 꿀팁
육수

무작정 오래 끓인다고 맛이 나는 건 아니랍니다.
다양한 육수 맛 내기 꿀팁만 알려드릴게요!

육수 재료 준비

치고 빠지는 **다시마와 멸치**

멸치, 다시마를 물에 넣고 중간 불에 올려 끓어오르면 다시마 먼저 건지세요. 오래 끓이면 진액이 나와 국물이 탁하고 텁텁해지거든요. 멸치는 10분 정도 더 끓인 뒤 건져요. 적당히 끓여야 비린내 없이 깔끔해요.

조개가 들락날락

시원한 국물과 쫄깃한 속살까지 모두 맛보는 법! 해감한 조개는 껍질이 벌어질 때까지 끓인 뒤 건져내요. 육수만 써서 요리한 다음 조개는 마지막에 다시 넣어요. 오래 끓이면 조갯살이 질겨지고 맛도 없거든요.

쇠고기 우려 먹기

떡국, 육개장 등의 쇠고기 육수에는 주로 양지머리, 사태를 사용해요. 먼저 찬물에 1~2시간 담가 핏물을 빼 잡내를 제거하세요. 냄비에 찬물을 넉넉하게 부어 고기가 부드러워질 때까지 30분 이상 푹 끓이세요. 국물은 면포에 걸러 차게 식힌 뒤 뜨는 기름을 제거해 육수로 쓰고, 고기는 고명으로 활용해요.

끓이면 안 돼요 **가쓰오부시**

가쓰오부시는 끓이면 쓴맛이 나요. 물이 끓으면 불을 끈 뒤 살짝 우리면 돼요. 번거롭다면 찬물에 넣고 전자레인지에 3분 정도 돌리세요.

건더기 등장!
육수가 완성되었다면 이제 양념장 풀고 건더기를 넣어 끓이기만 하면 돼요.

육수가 없을 땐? 볶아서 감칠맛 내기
육수가 따로 없을 땐 재료를 볶아가며 익힌 뒤 물과 양념을 넣어요. 한 번에 재료를 넣고 끓이는 것보다 감칠맛이 더 나요. 고기와 해물은 볶으면 잡내도 사라진답니다. 돼지고기에는 다진 마늘, 후춧가루, 청주 등 냄새 잡는 재료를 추가! 고루 익을 때까지 충분히 볶아야 누린내가 나지 않아요. 미역, 북어로 국을 끓일 때에도 참기름에 볶으면 훨씬 구수하답니다.

단단한 채소부터 투입!
감자나 무는 끓이기 전 미리 볶으면 오래 끓여도 덜 부서져 국물이 깔끔해요. 투명하게 익기 시작하면 양파나 김치를 함께 볶아도 돼요. 단단한 재료를 익힌 뒤 육수나 물을 붓고 끓이다가 무른 재료를 넣으면 모두 알맞게 익어요.

해물은 그때그때 달라요
생선으로 국을 끓일 땐 보통 육수에 무처럼 단단한 채소를 먼저 익히고 생선을 넣어야 익는 속도가 맞아요. 생태탕처럼 해물과 채소에 육수를 부어 함께 끓이는 것도 방법이에요. 다만 오징어, 새우, 미더덕은 오래 익히면 쪼그라들면서 질겨지니 마지막에 넣고 색이 변하면 바로 드세요.

마무리
부족한 부분을 채우는 단계예요. 국물과 재료가 충분히 어우러졌을 때 간을 하세요.

고추는 어쨌든 제일 마지막에
청양고추는 마지막에 넣어야 개운한 맛과 향이 확실해요. 끓이면 칼칼한 맛이 덜하거든요. 장식 용도로 예쁘게 썰어둔 청·홍고추도 완성 직후에 띄워야 색감이 살아요.

푸른 채소가 기죽지 않도록
대파, 부추, 미나리 등은 더 이상 저을 일 없도록 간을 맞춘 뒤 마지막에 올려요. 국물에 잠기지 않도록 살포시 올리면 풋풋한 향기와 색감까지 즐길 수 있어요.

참기름은 불을 끄고
참기름은 열에 약해 끓이면 향이 날아가요. 불을 끄고 넣어야 확실히 효과가 있답니다. 굴국, 연포탕 등에 참기름을 넣으면 고소해져 더 맛있어요. 수제비나 만둣국이 약간 밋밋할 때에도 그릇에 담고 마지막에 한 방울 추가!

양념해 마무리
국물요리는 끓이면서 맛이 달라지니 마지막에 본격적으로 간을 맞춰요. 두부나 채소가 많으면 끓일수록 물이 생겨 싱거워지는 반면 해물은 짭조름해지거든요. 감칠맛이 부족할 땐 국간장, 깔끔한 맛을 원할 땐 소금으로 간해요. 빨간 색감을 더 내고 싶을 땐 고춧가루를 투입! 칼칼한 후춧가루는 마지막에 넣어요.

갓귀열의 꿀팁
양념

양념 무조건 많이 넣어야 좋은 거라고요? 아니죠.
저, 갓귀열이 양념 쓰는 법 제대로 콕콕 짚어서 알려드릴게요!

고추장 + 고춧가루

**고추장과 고춧가루를
적절히 섞어서 사용하세요!**

❶ 고추장은 고춧가루와 메줏가루, 엿기름 등을 저온에서 숙성시킨 발효식품이에요. 매운맛에 단맛, 발효된 감칠맛까지 담겨 있어요. 고기나 해산물볶음 요리에 넣으면 매콤하면서 촉촉하게 양념이 잘 어우러져요.

❷ 고춧가루는 칼칼하고 강렬한 매운맛이에요. 굵은 것과 고운 것을 준비해 요리에 맞게 사용해요. 김치나 국물요리 등 한식에는 보통 굵은 고춧가루를 사용하고 무침 등에 고르게 색을 내고 싶을 땐 고운 고춧가루를 사용해요.

참치액 vs 멸치액젓 vs 까나리액젓

멸치액젓이 까나리액젓보다 훨씬 저렴해요!

❶ 참치액은 훈연한 참치를 추출해 다시마, 무, 감초 등을 넣어 만들어 구수한 가쓰오부시 맛이 나요. 우동, 수제비, 장국 등의 맑은 국물요리에 써요.

❷ 멸치액젓, 까나리액젓은 생선을 발효하고 숙성시킨 뒤 달여서 만들어요. 각종 김치나 동태찌개 등에 깊은 맛을 낼 때나 동남아요리에 피시소스 대신 사용해요.

▸ **멸치액젓** = 구수하고 깊은 맛 ↑ 단맛 ↓
　ex. 김장김치, 게장, 장아찌, 찌개

▸ **까나리액젓** = 비린내 ↓ 단맛 ↑
　ex. 겉절이, 무침, 국, 찜

설탕 대신 이만큼!

설탕　=　꿀　=　조청　=　물엿　=　올리고당

❶ 설탕은 강한 단맛으로 방부작용을 해 절임, 잼 등을 만들 때 사용하고, 고기 밑간할 때 넣으면 단백질의 결합을 끊어 연육 작용을 해요. 황설탕과 흑설탕은 백설탕을 재가열해 만든 것으로 조림류, 약밥, 호떡을 만들 때 사용하면 먹음직스러운 색을 내요.

❷ 꿀에는 은은한 단맛과 달콤한 향이 있어요. 가열하면 비타민이 파괴되고 향이 날아가니 조리시엔 불을 끄고 난 직후에 넣어요. 미네랄, 비타민 등의 영양소가 풍부하고 항균력과 면역력에 도움을 줘 차로 마셔도 좋아요.

❸ 조청은 오래 끓여도 단맛이 날아가지 않아요. 색이 가장 짙고 특유의 구수한 맛이 있어 구운 떡을 찍어 먹거나 맛탕을 만들 때 베스트!

❹ 물엿은 투명하고 특별한 향 없이 재료에 농도와 윤기를 더해요. 멸치볶음 등 반찬을 할 때 처음부터 넣으면 덩어리지니 마지막에 넣어 가볍게 섞은 뒤 바로 불을 꺼요. 바삭한 강정, 견과류바를 만들 땐 물엿이 좋아요.

❺ 올리고당은 물엿보다 비싸지만 열량이 낮아요. 설탕보다 단맛이 덜하니 대신 사용할 땐 양을 2배로 늘려요. 물엿처럼 조리시 맨 마지막에 투입! 차가운 음료, 드레싱에도 좋아요.

짠맛 서열 정리

 소금 > 국간장 = 조선간장 >  진간장

**국을 끓일 땐 국간장으로 깊은 맛을 내고 부족한 간은 소금으로 맞추세요.
국간장이 없을 땐 소금으로 간하고 진간장으로는 색만 내요.**

❶ 간장은 염분과 수분이 섞여 있어 소금으로 간을 맞출 때보다 많이 넣어야 해요. 간장으로만 간하면 색이 탁해지고 특유의 짠내가 날 수 있어요.

❷ 국간장은 콩으로 메주를 쑤어 소금물에 30~60일 정도 담가 두었다가 그 국물을 떠내 달여서 만들어요. 조선간장 또는 진간장 보다 맑아 청장이라고도 해요. 진간장보다는 훨씬 짜지만 색은 맑고 달지 않아 국물요리나 나물을 무칠 때 쓴답니다.

❸ 진간장은 색이 진하고 국간장보다 오랜 시간 숙성해 달착지근하고 감칠맛이 좋죠. 열을 가해도 맛이 변하지 않아 장조림, 볶음요리에 잘 어울려요. 진간장에는 산 분해간장, 양조간장, 산 분해간장과 양조간장을 섞은 혼합간장이 있어요. 진간장을 구입할 땐 뒷면의 성분 분석표를 확인해 100% 양조간장을 고르세요. 첨가물 들어간 산 분해간장보다 가격은 비싸도 몸에 좋거든요.

청주, 소주, 맛술

**셋 다 잡내를 잡고
고기를 부드럽게 하지만 맛은 달라요.**

**맛술은 요리용 술이에요.
도수가 낮아 알코올의 향이 적고
단맛과 감칠맛이 나요**

청주는 탁주를 촘촘한 체에 걸러 만든 맑은 술을 말해요. 보통 한식에서는 도수가 13% 정도로 소주보다 약하고 향이 순한 술을 말하며 고기, 생선 등의 잡내를 잡을 때 써요. 청주 대신 소주를 사용하면 도수가 높아서 적은 양을 사용해도 돼요.

전분 = 녹말가루

**녹말물로 걸쭉한 농도를 낼 때는
차가운 물에 전분을 1 : 1 비율로
풀어서 써요. 끓는 국물에 바로 넣으면
덩어리로 뭉쳐버려요**

❶ 해물찜, 마파두부 등 요리에 걸쭉한 소스를 만들 땐 감자나 고구마전분을 구입하면 돼요. 적은 양으로도 걸쭉한 농도가 나고 끓여도 투명하기 때문에 농도를 맞추기 좋아요. 바삭하면서도 쫀득한 튀김을 만들 때나 고기를 볶기 전에 입히면 육즙이 빠지지 않고 양념이 잘 흡착돼요.

❷ 강정처럼 바삭한 튀김이나 베이킹에는 옥수수전분을 써요. 옥수수전분은 점성이 덜하니 소스의 농도를 맞출 땐 감자전분 분량의 두 배를 사용해요.

PART 1
매일 반찬

집에서 매일 먹는 반찬이라도
맛이 심심하면 손이 안 가죠?
갓귀열이 자신 있게 내놓는 매일 반찬으로
맛있는 한 달을 만들어 보세요.

매일 반찬

01
진미채땅콩무침

단골 밑반찬 진미채무침에 땅콩을 더해 씹는 맛과 고소함을 살렸어요.
매실청을 사용하면 복잡한 양념 없이도 매콤 새콤 깔끔한 맛을 낼 수 있답니다.
콩가루로 마무리해 부드러운 감칠맛을 살려주세요.

재료

진미채(1줌=100g), 땅콩(⅓컵), 콩가루(1)
초고추장 고추장(2.5)+식초(1)+매실청(2) — **TIP!** 시판 초고추장을 사용해도 좋아요.
양념 참기름(1), 참깨(약간)

만들기

1 진미채는 물에 살짝 씻어 먹기 좋은 길이로 자르고,

2 땅콩은 껍질을 제거해 준비하고,

3 **초고추장**을 만들고,

4 진미채에 땅콩을 넣고 초고추장(3), **양념**을 넣어 버무리고,

5 그릇에 담은 뒤 콩가루를 뿌려 마무리.

매일 반찬

02
호두강정

두뇌 개발에 좋은 호두를 넉넉히 준비해 강정으로 만들어보세요.
바삭바삭 달콤한 맛에 자꾸만 손이 간답니다.
시럽에 졸이기 전에 살짝 한 번 데쳐내야 맛이 깔끔해요.

재료 호두(200g), 소금(0.5)
시럽 설탕½컵+물½컵

만들기

1 호두는 끓는 소금물(물4컵+소금0.5)에 넣고 1분간 데친 뒤 물기를 제거하고,

2 냄비에 호두, **시럽**을 넣어 약한 불에 3분간 조리고,
TIP! 시럽이 호두에 골고루 묻도록 계속 저어주세요.

3 130℃로 예열한 식용유(2컵)에 졸인 호두를 넣어 갈색이 되면 꺼내고,

4 튀긴 호두를 종이포일 위에 펼쳐 식힌 뒤 그릇에 담아 마무리.

매일 반찬

03
세발나물달걀말이

갯벌의 염분을 먹고 자란 세발나물은 철분, 칼슘, 비타민 등이 풍부하고
당뇨병 예방에도 효능이 있다고 해요. 샐러드, 나물무침 등 두루 활용하기 좋은
세발나물을 달걀말이에 넣어 색감과 식감을 살려보세요.

재료 세발나물(1줌=70g), 맛살(3개=100g), 달걀(5개), 소금(약간)

만들기

1. 세발나물은 씻어 잘게 자르고,

2. 맛살도 잘게 자르고,

3. 볼에 달걀을 넣고 고루 푼 뒤 소금, 맛살, 세발나물을 넣어 섞고,

4. 중간 불로 달군 팬에 식용유(5)를 두르고 달걀물을 붓고,

5. 달걀말이를 부쳐 마무리.

매일 반찬
04
알감자치즈

고속도로 휴게소의 인기 메뉴 알감자 버터구이를 집에서 재현해보았어요.
감자를 미리 삶아 버터에 노릇하게 구우면 간단하게 완성된답니다.

재료
알감자(500g)
양념 소금(1), 버터(2), 치즈가루(1), 파슬리가루(약간)

만들기

1 알감자는 소금물(물6컵+소금1)에 넣어 15분간 삶은 뒤 껍질을 벗기고,

2 중간 불로 달군 팬에 버터(2)를 녹인 뒤 삶은 감자를 넣고 뒤적여가며 노릇하게 굽고,

3 구운 알감자를 그릇에 담은 뒤 치즈가루와 파슬리가루를 뿌려 마무리.

매일 반찬
05
청포묵콩가루무침

청포묵에 콩가루를 입혀 고소한 맛을 은은하게 더하고,
샐러드채소를 산뜻한 간장 양념장에 무쳐 곁들였어요.
밑반찬은 물론이고 손님상에 곁들임 요리로 내도 손색없답니다.

재료 청포묵(1모=400g), 치커리(1줌=30g), 세발나물(½줌=20g), 콩가루(2)
양념장 설탕(0.3)+고춧가루(0.5)+간장(1.5)+식초(0.7)+참기름(1)

만들기

1 청포묵은 2cm 크기로 깍둑 썰어 끓는 물에 넣고 약한 불로 데쳐 찬물에 헹구고,
TIP! 속이 말갛게 보일 정도로 데쳐주세요.

2 치커리와 세발나물은 깨끗이 씻어 한입 크기로 썰고,

3 **양념장**을 만들고,

4 볼에 데친 청포묵과 콩가루를 넣어 버무리고,

5 치커리와 세발나물에 양념장을 넣어 살살 버무리고,

6 그릇에 청포묵을 담고 무친 나물을 곁들여 마무리.

채식 식단에 활용하기 좋은 버섯강정이에요.
표고버섯을 두 번 튀겨 겉은 바삭하면서도 속은 쫄깃한 식감이 포인트랍니다.
집에 있는 자투리채소를 함께 넣어 만들어보세요.

재료
생표고버섯(10개=200g), 노란 파프리카(½개), 청양고추(1개), 홍고추(1개), 전분(1컵)
강정소스 설탕(1.2)+맛술(2.5)+식초(1)+간장(1.2)+굴소스(1.2)+올리브유(3)

만들기

1. 생표고버섯은 꼭지를 떼고 3~4등분해 물에 씻어 건지고,

2. 노란 파프리카는 2cm 크기로 사각 썰고, 청양고추와 홍고추는 2cm 크기로 송송 썰고,

3. 비닐봉투에 표고버섯과 전분을 넣고 흔들어 튀김옷을 입히고,

4. 160~170℃로 예열한 식용유에 튀김옷 입힌 표고버섯을 넣어 노릇하게 2번 튀겨내고,

5. 강정소스를 팬에 넣고 바글바글 끓으면 손질한 채소를 넣어 섞은 뒤 튀긴 표고버섯을 고루 버무리고,

6. 그릇에 담아 마무리.

매일 반찬
07
양념생깻잎

김치부터 장아찌, 무침까지, 깻잎반찬을 즐기는 방법도 참 다양하죠.
깻잎 특유의 향을 최대한 살리고 싶다면 생깻잎에 양념장을 고루 발라 즐겨보세요.
나른한 봄철 입맛을 살려주는 반찬이에요.

재료
깻잎(40장), 쪽파(2대)
양념장 고춧가루(3)+간장($\frac{1}{3}$컵)+매실청(1.3)+물($\frac{1}{3}$컵)+다진 마늘(1)+참깨(0.5)

만들기

1 깻잎은 한 장씩 깨끗이 씻어 물기를 빼고,

2 쪽파는 송송 썰고,

3 **양념장**을 만들어 쪽파와 섞고,

4 깻잎에 양념장(0.5)을 얹어 고루 편 뒤 다시 깻잎 2장을 올리고 양념장 올리기를 반복하고,

5 그릇에 담아 마무리.

매일 반찬
08
된장톳두부무침

씹는 식감이 독특한 톳은 달콤 짭조름하게 조려 밥에 얹어 먹으면 별미인데요.
된장양념에 두부를 더해 무치면 구수하고 색다른 맛을 즐길 수 있어요.

재료 톳(150g), 두부(½모=150g), 쪽파(1대), 홍고추(1개)
양념장 된장(2)+다진 마늘(0.5)+참기름(1.5)+깨소금(1)

만들기

1 톳은 끓는 물(5컵)에 넣어 살짝 데친 뒤 3~4cm 길이로 자르고,
TIP! 줄기가 굵은 톳은 손으로 훑어 알맹이만 사용하세요.

2 두부는 체에 곱게 내린 뒤 키친타월을 받친 체에 담아 물기를 제거하고,

3 쪽파는 송송 썰고, 홍고추는 잘게 다지고,

4 **양념장**에 송송 썬 쪽파와 다진 홍고추를 넣어 섞고,

5 볼에 데친 톳과 두부, 양념장을 넣어 조물조물 무쳐 마무리.

매일 반찬
09
굴초간장회

신선한 생굴이 있다면 바다의 향을 최대한 살려 상큼하게 즐겨보세요.
곱게 채 썬 양배추와 무순이 아삭한 식감을 더하고
새콤달콤한 초간장이 입맛을 돋운답니다.

재료
양배추(1/8통), 굴(2컵), 무순(약간), 레몬(1/2개)
초간장 설탕(3)+고춧가루(3)+간장(6)+식초(5)+다진 마늘(1)+송송 썬 쪽파(2)+참기름(0.5)+참깨(2)+다시마물(5)

TIP! 다시마물 만드는 법 : 물(1컵)에 다시마(1장=5×5cm)를 넣어 30분간 우려 만들어요.

만들기

1. 양배추는 곱게 채 썰어 찬물에 담갔다 건지고,

2. 굴은 소금물(물5컵+소금1)에 씻어 건지고,

3. **초간장**을 만들고,

4. 그릇에 양배추를 깔고 씻은 굴을 올린 뒤 초간장을 끼얹고,

5. 무순과 레몬을 곁들여 마무리.

매일 반찬
10
물미역초회

물미역을 항상 초간장에만 찍어 먹었다면 갖은 채소와 함께 둘러 담고 새콤한 간장소스를 둘러보세요.
화려한 식감과 상큼한 맛 덕분에 손님상에 올려도 인기랍니다.

재료
물미역(300g), 새우(3마리), 오이(⅓개), 적양파(¼개), 무순(약간)
소스 다시마물(3)+식초(3)+간장(3)+맛술(3)

TIP! 다시마물 만드는 법 : 물(1컵)에 다시마(1장=5×5cm)를 넣어 30분간 우려 만들어요.

만들기

1. 물미역은 끓는 물에 넣었다 재빨리 건지고,

2. 데친 미역은 찬물에 헹군 뒤 한입 크기로 썰고,

3. 새우는 끓는 물에 데쳐 껍질을 벗긴 뒤 반으로 가르고,

4. 오이와 적양파는 얇게 채 썰고, 무순은 다듬고,

5. **소스**를 고루 섞고,
TIP! 기호에 따라 식초나 설탕을 가감하세요.

6. 그릇에 물미역, 오이, 새우, 적양파, 무순을 담고 소스를 뿌려 마무리.
TIP! 기호에 따라 홍고추를 넣어도 좋아요.

매일 반찬

II
톳곤약조림

칼슘, 요오드, 철 등 무기질과 식이섬유소가 풍부한 톳을
칼로리가 낮은 곤약과 함께 조렸어요.
짭조름하게 씹히는 건강한 맛에 도시락반찬은 물론 다이어트용으로도 안성맞춤이에요.

재료 톳(500g), 곤약(300g), 참깨(약간)
조림장 갈색설탕(0.8)+맛술(0.7)+간장(⅓컵)+올리고당(1.5)

만들기

1 톳은 끓는 물에 데쳐 찬물에 씻어 다듬고,

2 곤약은 채 썰고,

3 채 썬 곤약은 끓는 물에 데치고,

4 팬에 톳과 곤약, **조림장**을 넣어 중간 불에 5분간 조리고,

5 국물이 없어질 때까지 조린 뒤 참깨를 뿌려 마무리.

매일 반찬

12
도라지오징어무침

우리나라 사람들이 좋아하는 1등 해산물 오징어에 사포닌이 풍부한 도라지를 더해
매콤 새콤하게 무쳐보세요. 향긋한 미나리가 입맛을 한층 더 살려준답니다.

재료 오징어(1마리), 도라지(100g), 미나리(2줄기)
양념 소금(2), 참깨(1)
양념장 설탕(2.5)+굵은 고춧가루(2)+간장(3)+2배식초(2)+물엿(4)+고추장(2)+다진 마늘(2)+참기름(1)

만들기

1 오징어는 내장을 빼내고 깨끗이 손질한 뒤 길게 반 갈라 가로로 1cm 두께로 썰고,

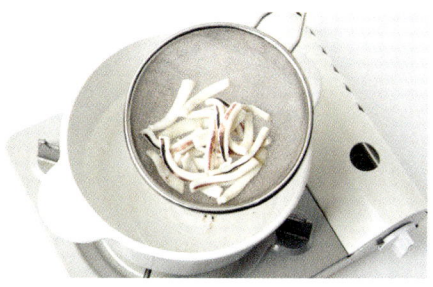

2 손질한 오징어를 끓는 물에 살짝 데쳐 체에 밭쳐 식히고,

3 도라지는 6~7cm로 길이로 잘라 1cm 두께로 썬 뒤 소금(2)과 물(3컵)을 넣어 바락바락 주물러 쓴맛을 뺀 뒤 물에 헹구고,

4 미나리는 잎을 떼어내고 억센 줄기는 잘라낸 뒤 6cm 길이로 썰고,

5 볼에 도라지, 오징어와 **양념장**을 넣어 고루 버무리고,
TIP! 물이 생기지 않도록 2배식초를 썼어요.

6 미나리, 참깨를 넣고 가볍게 섞은 뒤 그릇에 담아 마무리.

매일 반찬

13
호두연근조림

연근을 자르면 가는 실처럼 끈적하게 엉키는 뮤신이라는 성분이
소화를 촉진해주는 역할을 한답니다. 여기에 성인병 예방에 좋은 불포화지방산과
비타민 E가 풍부한 호두를 더해 건강 밑반찬을 완성해보세요.

재료
연근(1개=250g), 호두(3컵)
양념 식초(1), 소금(0.5)
조림장 간장(3.5), 황물엿(⅓컵), 고운 고춧가루(0.5)

만들기

1. 연근은 껍질을 벗기고 모양대로 얇게 썰고,

2. 끓는 물(6컵)에 식초(1)를 넣고 얇게 썬 연근을 3분간 데치고,

3. 호두는 끓는 물(6컵)에 소금(0.5)을 넣어 5분간 삶고,

4. 냄비에 데친 연근과 호두를 넣고 물(2컵)과 **조림장**을 넣어 중간 불로 10분간 윤기나게 조리고,

5. 그릇에 담아 마무리.

매일 반찬

14
오이진미채무침

진미채는 집에 항상 쟁여두는 식재료 중 하나죠. 술안주로 그냥 먹어도 맛있지만
오이 송송 썰어 넣고 초고추장에 간단하게 무쳐보세요.
순식간에 입맛 돋는 밑반찬이 완성된답니다.

재 료 진미채(350g), 오이(1개)
양념장 시판 초고추장(5), 굵은 고춧가루(1), 참기름(1), 참깨(2)

만들기

1 진미채는 먹기 좋은 크기로 잘게 자르고,

2 오이는 길게 반 갈라 수저로 속을 파낸 뒤 2mm 두께로 썰고,

3 자른 진미채와 오이에 초고추장과 굵은 고춧가루를 넣어 무치고,

4 참기름을 넣어 살짝 버무린 뒤 참깨를 뿌려 마무리.

매일 반찬
15
더덕북어무침

더덕의 사포닌 성분은 물에 잘 녹아 물에 너무 오래 담가두지 않는 게 좋아요.
소금물에 살짝만 담갔다 빼면 쓴맛을 줄일 수 있답니다.
더덕과 북어를 최대한 가늘게 찢는 게 식감을 살리는 포인트예요.

재료
더덕(2개), 북어채(1줌), 영양부추(½줌)
양념장 고추장(3)+간장(1)+올리고당(2)+맛술(1)+굵은 고춧가루(2)+참깨(1)+참기름(1)

만들기

1 더덕은 껍질을 벗겨 얇게 채 썰고,

2 북어채는 잘게 찢고,

3 영양부추는 4~5cm 길이로 썰고,

4 **양념장**을 만들고,

5 북어채와 더덕에 양념장을 넣어 무친 뒤 영양부추를 넣고 버무려 마무리.

매일 반찬
16
통곡물오징어젓갈

젓갈에 곡물을 넣으면 짠맛을 중화하고 구수한 맛을 더해줘요.
곡물로는 귀리, 콩, 보리 등 어떤 것을 사용해도 좋아요.

재료 쌀보리(⅔컵), 마늘종(8대), 오징어젓(1⅓컵)
양념 고춧가루(2), 매실청(1), 참기름(1)

만들기

1 쌀보리는 물에 담가 30분간 불리고,

2 마늘종은 2mm 두께로 썰고, 오징어젓은 잘게 다지고,

3 불린 쌀보리는 중간 불에 올려 20분간 삶은 뒤 체에 밭쳐 물기를 빼고,

4 볼에 고춧가루(2), 마늘종, 삶은 쌀보리, 다진 오징어젓을 넣어 버무리고,

5 매실청, 참기름을 넣고 고루 섞어 마무리.

매일 반찬
17
오이꼬시래기무침

식이섬유소가 풍부한 꼬시래기는 길쭉한 모양과 꼬들꼬들한 식감 덕분에
국수 대용으로도 활용하기 좋은데요. 신선한 제철 채소에 알싸한 겨자소스 더해 즐겨보세요.

재료
염장 꼬시래기(200g), 오이(1개), 적양파(1개), 방울토마토(2개)
겨자소스 식초(7.5)+간장(5)+설탕(5.5)+강겨자(1)+물(7.5)

만들기

1. 염장 꼬시래기는 찬물에 씻은 뒤 끓는 물에 살짝 데쳐 찬물에 담가 짠기를 빼고,

2. 오이, 적양파는 곱게 채 썰고, 방울토마토는 2등분하고,

3. **겨자소스**를 만들고,

4. 꼬시래기는 물기를 뺀 뒤 먹기 좋은 크기로 잘라 오이, 적양파와 함께 고루 섞은 뒤 겨자소스를 뿌리고,

5. 그릇에 올린 뒤 방울토마토로 장식해 마무리.
   TIP! 비트로 장식해도 좋아요.

매일 반찬

18
마른멸치무침

큼직한 국물용 멸치를 육수만 내고 버리는 게 아쉬웠다면 살만 발라 고추장양념에 무쳐보세요.
매콤달콤 씹히는 맛이 일반 멸치볶음과는 또 다른 매력이 있어요.

재 료 국물용 멸치(150g), 쪽파(2대), 청양고추(1개), 참깨(약간)
양념장 고운 고춧가루(0.7)+고추장(1.5)+간장(1.2)+물엿(3)+설탕(0.8)+다진 마늘(1.5)+참기름(1)

만들기

1 국물용 멸치는 머리와 내장을 빼고 다듬어 마른 팬에 볶아 비린내를 날리고,

2 쪽파는 송송 썰고, 청양고추는 다지고,

3 팬에 **양념장**과 다진 청양고추를 넣어 끓어오르면 불을 끄고,

4 손질한 멸치를 넣어 버무린 뒤 송송 썬 쪽파와 참깨를 뿌려 마무리.

매일 반찬

19
무된장박이 쇠고기볶음

제철 무를 된장에 묻어두면 짭조름하면서도 구수한 맛이 진하게 배어든 장아찌가 된답니다.
꼬들한 식감의 무된장박이에 쇠고기와 미나리를 더해 볶아줬어요.
기본 간이 되어 있으니 양념은 최소한으로 해주세요.

재료 무된장박이(1토막=200g), 미나리(5줄기), 쇠고기(잡채용 100g), 실고추(1개)
양념 간장(0.5), 다진 마늘(0.3), 설탕(0.3), 참기름(1)

만들기

1 무된장박이는 채 썰고, 미나리는 4cm로 썰고,

2 쇠고기도 채 썰고,

3 달군 팬에 쇠고기와 간장(0.5), 다진 마늘(0.3), 설탕(0.3)을 넣고 센 불에 볶고,

4 쇠고기가 익으면 미나리를 넣어 살짝 볶은 뒤 무된장박이를 넣어 2분간 볶고,

5 실고추와 참기름을 넣고 버무려 마무리.

매일 반찬
20
곤약매추리알조림

칼로리가 거의 없는 곤약은 다이어트 식품으로 인기인데요.
메추리알과 마늘종 더해 짭조름하게 조리면 훌륭한 밑반찬이 된답니다.

재료 곤약(2개=500g), 마늘종(8대), 청양고추(4개), 삶은 메추리알(400g)
양념 간장(½컵), 물엿(1컵)

만들기

1 곤약은 0.5cm두께 막대 모양으로 썰어 길게 칼집을 3번 넣은 뒤 한쪽 끝을 가운데 칼집으로 넣어 뒤집어 준비하고,

2 마늘종은 4~5cm 길이로 자르고, 청양고추는 씻어 꼭지를 따고,

3 냄비에 **양념**과 물(⅔컵)을 넣고 끓어오르면 메추리알, 청양고추, 곤약을 넣어 센 불로 15분간 윤기나게 조리고,

4 마늘종을 넣고 5분간 조리고 청양고추를 건져내 마무리.

매일 반찬
21
북어보푸라기

북어를 보슬보슬하게 믹서에 곱게 갈면 색다른 식감의 요리를 만들 수 있어요.
각종 견과류와 말린 과일을 취향에 맞게 더해보세요.

재 료 북어채(100g), 크랜베리(⅓컵), 대추채(¼컵), 호박씨(⅓컵), 해바라기씨(⅓컵)
양념 맛소금(0.5), 설탕(4), 참기름(5)

만들기

1 북어채는 믹서에 곱게 갈고,

2 갈아둔 북어에 **양념**을 넣어 골고루
   배도록 비비듯이 문지르고,

3 크랜베리, 대추채, 호박씨, 해바라기씨를
   넣고 섞어 마무리.

PART 2

건강한 나물

> 맛있는 음식은 사실 맛있는 재료가 다 하는 거예요.
> 제철 나물만 제때 먹어도 한 해 건강은 걱정이 없죠.
> 건강한 나물 10배 더 맛있게 먹는 법! 알려드릴게요.

건강한 나물

01
오이지

일주일이면 완성되는 물 없이 오이지 담그는 레시피예요.
꼬들꼬들한 식감에 깔끔한 맛의 오이지는 두고두고 먹어도 질리지 않아요.
환만식초는 쌀을 발효해 만든 식초로, 고유의 향이 없어 초밥이나 장아찌에 많이 이용돼요.

재료

오이(10개)
양념 설탕(1½컵), 소금(1컵), 환만식초(1컵), 소주(½컵)

만들기

1. 오이는 깨끗이 씻고,

2. 용기에 오이를 차곡차곡 넣은 뒤 그 위에 **양념**을 붓고,

3. 다음날 오이가 골고루 절여지도록 섞고,

4. 무거운 것으로 눌러 실온에 3~4일 더 보관하고,

5. 오이가 쪼그라들고 골고루 절여지면 마무리.
   TIP! 일주일 정도면 먹을 수 있어요.
   TIP! 1년을 보관할 수 있는 방법 : 다 익은 오이지를 통에 담고 물엿(2)을 뿌려 냉장 보관해요.

건강한 나물

02
애호박달래간장

애호박을 전으로 부치는 게 번거롭다면 살짝 데쳐 달래간장을 얹어주세요.
정갈한 담음새에 간단하면서도 폼 나는 요리랍니다.
달짝지근한 애호박 본연의 맛이 살아 있어요.

재료
애호박(1개), 달래(1단)
양념 소금(1)
양념간장 간장(9)+물(9)+고운 고춧가루(1.5)+참기름(0.5)+참깨(1)+다진 마늘(0.5)

만들기

1 애호박은 0.5cm 두께로 동그랗게 썰고,

2 손질한 애호박은 끓는 물에 소금(1)을 넣어 데치고,

3 달래는 1cm 길이로 잘라 **양념간장**에 섞고,

4 그릇에 데친 호박을 담고,

5 호박 위에 달래간장을 얹어 마무리.
TIP! 애호박을 팬에 부쳐도 좋아요.

건강한 나물
03
무생채

시원한 무생채는 김치 대용으로도 좋고 비빔밥에 넣어 먹어도 별미예요.
설탕에 먼저 버무린 뒤 다른 양념을 넣으면 맛이 더 잘 어우러져요.

재료 무(1토막=600g), 쪽파(2대)
양념 설탕(0.3), 소금(0.5), 굵은 고춧가루(1.5), 다진 마늘(1), 참깨(약간)

만들기

1 무는 7cm 길이로 토막 내 껍질을 벗긴 뒤 2~3mm 두께로 채 썰고,

2 쪽파는 2cm 길이로 썰고,

3 무채에 설탕을 넣어 주무르고,

4 소금, 고춧가루를 넣어 버무리고,

5 다진 마늘, 쪽파를 넣고 버무리고,

6 그릇에 담은 뒤 참깨를 뿌려 마무리.

건강한 나물
04
양배추깻잎초절임

양배추의 아삭함과 깻잎의 향이 어우러진 초절임이에요.
고기를 먹을 때 곁들이면 깔끔하고 시원한 느낌을 준답니다.
양배추를 소금에 절여 사용하면 부드러워져 깻잎과 겹쳐 쌓기 좋아요.

재료

양배추(½통), 깻잎(10장)
양념 소금(1)
피클소스 설탕(1컵), 소금(1.2), 식초(1⅔컵), 물(1⅔컵)

만들기

1 양배추는 심지 부분을 칼로 도려낸 뒤 소금물(물5컵+소금1)에 통째로 절이고,

2 깻잎은 깨끗이 씻어 건지고,

3 절인 양배추는 잎을 한 장 한 장 상하지 않게 떼어내고, 억센 줄기 부분은 저미고,

4 양배추 잎과 깻잎을 번갈아 얹고,

5 **피클소스**는 설탕이 녹을 정도로 끓여 양배추와 깻잎을 담은 볼에 붓고,

6 절여진 양배추깻잎초절임은 먹기 좋은 크기로 썰어 마무리.
TIP! 2~3일 실온에 보관한 뒤 먹을 수 있어요.

멥쌀가루 옷을 입혀 튀긴 우엉을 매콤하게 무쳐냈어요.
쫄깃한 우엉에 아삭한 영양부추가 조화를 이룬답니다.

재료
우엉(2대=200g), 영양부추(1줌=50g), 멥쌀가루(1컵)
소스 간장(1.5)+고추장(2.5)+물엿(½컵)+고운 고춧가루(2)
양념 참깨(0.2)

만들기

1. 우엉은 감자칼로 껍질을 벗겨낸 뒤 어슷 썰고, 영양부추는 4cm 길이로 썰고,

2. 어슷 썬 우엉은 멥쌀가루를 고루 묻히고,

3. 180℃로 예열한 식용유(2컵)에 우엉을 넣어 노릇하게 튀겨내고,

4. **소스**를 만들고,

5. 볼에 튀긴 우엉과 **소스**를 넣어 버무린 뒤 영양부추를 넣어 살짝 뒤적이고 참깨를 뿌려 마무리.
TIP! 소스가 많이 들어가면 우엉 본연의 향이 묻혀요.

건강한 나물
06
건파래무침

사과, 배, 무, 양파 등 갖은 채소를 넣어 푹 우려낸 채수를 양념장이나 국물에 넣어보세요.
육수보다 맛이 깔끔하면서도 깊은 맛이 난답니다.
건파래는 마른 팬에 볶아 잡내를 날려주세요.

재료
건파래(1장=50g), 대추(6개), 쪽파(4대), 참기름(2)
채수 재료 사과(½개), 배(½개), 무(⅓개), 양파(½개), 대파(20cm), 마늘(3쪽), 건고추(1개)
양념장 간장(⅓컵), 물엿(⅓컵), 멸치액젓(2), 소주(2)

만들기

1 냄비에 물(6컵)과 **채수 재료**를 넣고 1시간가량 푹 끓여 채수를 만들고,

2 다른 냄비에 채수(3컵), **양념장** 재료를 넣어 끓어오르면 ⅓정도 남을 때까지 조리고,

3 건파래는 잘게 뜯고,

4 대추는 채 썰고, 쪽파는 송송 썰고,

5 중간 불로 달군 마른 팬에 건파래를 넣고 3분간 볶은 뒤 꺼내 식히고,

6 볶은 건파래와 대추, 쪽파를 양념장과 고루 버무려 마무리.

건강한 나물
07
토마토겉절이

만들어둔 무생채가 있다면 토마토를 더해 신선한 겉절이로 즐겨보세요.
과일과 채소의 특성을 모두 갖춘 토마토는 비타민과 무기질의 보고랍니다.

재료 무생채(200g), 토마토(3개)
선택 재료 영양부추(½줌)
양념 레몬즙(1), 참깨(약간)

만들기

1 무생채를 만들고,

2 영양부추는 4cm 길이로 썰고,

3 토마토는 한입 크기로 썰고,

4 무생채에 토마토, 영양부추를 넣어 섞은 뒤 레몬즙, 참깨를 뿌리고,

5 그릇에 담아 마무리.

건강한 나물
08
해초샐러드

유귀열의 초초 요리법 · **PART2 건강한 나물**

모자반, 꼬시래기, 한천 등 갖은 해초에 만능 소스만 추가하세요.
순식간에 상큼한 샐러드가 완성된답니다.
소스는 넉넉히 만들어 여러 샐러드에 활용해보세요. 매콤한 맛이 한식에 잘 어울려요.

재료
손질된 모자반(1줌), 꼬시래기(1줌), 실한천(1줌), 적양파($\frac{1}{2}$개)
소스 간장(3), 맛술(2), 환만식초(5), 다진 청양고추(1), 참기름(6), 설탕(1), 사이다($\frac{1}{2}$컵), 다진 마늘(4), 다진 홍고추(1)

> **TIP!** 1접시 제공량 : 해초(60g)+물에 희석한 소스(50mL)

만들기

1 모자반, 꼬시래기는 물에 씻어 짠기를 빼 7~8cm 길이로 썰고, 실한천은 따뜻한 물에 1시간 정도 불려 7~8cm 길이로 자르고, 적양파는 2mm 두께로 동그랗게 썰어 물에 담그고,

2 손질한 재료는 체에 밭쳐 물기를 빼고,

3 **소스**를 만들고,
TIP! 사용할 때는 소스와 물을 1:1로 섞어 사용하세요.

4 꼬시래기, 모자반, 적양파, 한천을 고루 섞은 뒤 소스를 곁들여 마무리.

건강한 나물
09
감자샐러드

유귀열의 초초 요리법 · PART 2 **건강한 나물**

감자샐러드에 각종 콩과 옥수수를 더해 알록달록 색감과 씹는 맛을 더했어요.
감자에 부족한 단백질까지 채워주니 일석이조예요.

재료 감자(3개), 통조림 적강낭콩(½컵), 통조림 완두콩(½컵), 통조림 옥수수(½컵)
양념 마요네즈(5), 소금(0.5), 설탕(1)

만들기

1 감자는 껍질을 벗긴 뒤 4등분하고,

2 냄비에 감자가 잠길 정도의 물을 넣고 10분간 삶은 뒤 으깨어 볼에 담고,

3 **양념**과 섞어 곱게 치대고,

4 감자 덩어리가 다 뭉개지면 강낭콩, 완두콩, 옥수수를 넣고 고루 섞어 마무리.

건강한 나물

10
두부달래장

톡 쏘는 매운맛이 있는 달래는 봄철 입맛 살리는 일등공신이죠.
양념장에 섞으면 별미밥, 튀김, 전 등 어디에 곁들여도 잘 어울려요.
노릇하게 튀겨 더욱 고소해진 두부에 달래장을 얹어보세요.

재료
두부(1모), 달래(1줌=50g)
양념장 간장(3.5)+고춧가루(3)+다진 마늘(0.5)+참깨(0.3)+참기름(1)+다시마물(5)

TIP! 다시마물 만드는 법 : 물(1컵)에 다시마(1장=5×5cm)를 넣어 30분간 우려 만들어요.

만들기

1 두부는 넓게 반 가른 뒤 2×2cm 크기로 썰고,

2 물에 헹궈 키친타월에 밭쳐 물기를 제거하고,

3 달래는 씻어 2cm 길이로 자르고,

4 **양념장**에 달래를 섞어 달래장을 만들고,

5 180℃로 예열한 식용유(3컵)에 물기 뺀 두부를 튀겨 건지고,

6 튀긴 두부를 그릇에 담고 달래장을 얹어 마무리.

건강한 나물

II
시금치나물

비타민과 철분이 풍부한 시금치는 달큰한 맛이 있어 국은 물론 나물요리로도 잘 어울리죠.
나물 본연의 맛을 살리려면 향이 강한 마늘, 파를 넣지 않고 양념을 최소화하는 것이 좋아요.

재료
시금치(½단=500g), 소금(0.5)
양념 소금(0.5), 참기름(1), 참깨(1)

만들기

1 시금치는 뿌리 부분에 열십자 모양으로 칼집을 넣어 다듬고,

2 물에 깨끗이 씻어 건지고,

3 끓는 물(5컵)에 소금(0.5)을 넣고 시금치를 살짝 데친 뒤 찬물에 헹궈 체에 밭치고,

4 볼에 시금치를 넣고 **양념**을 넣어 조물조물 무치고,

5 그릇에 담아 마무리.

건강한 나물

12 치커리나물

주로 쌈채소로 먹는 치커리를 데쳐 나물로 무쳐보세요.
늘 먹는 나물과는 색다른 맛이 있답니다.
식용유에 파와 고춧가루를 볶아 만든 고추기름을 넣으면 풍미가 훨씬 좋아져요.

재 료 치커리(200g)
양념 다진 파(3), 고춧가루(3), 다진 마늘(0.5), 국간장(2), 깨소금(1)

만들기

1 치커리는 4~5cm 길이로 썰고,

2 끓는 물에 데쳐 찬물에 헹궈 건지고,

3 중간 불로 달군 팬에 식용유(3)를 두르고 다진 파를 넣어 볶다가 고춧가루를 넣어 타지 않게 볶아 고추기름을 만들고,

4 데친 치커리에 만들어둔 고추기름과 다진 마늘, 국간장을 넣어 버무리고 깨소금을 뿌려 마무리.

건강한 나물

13
참나물

베타카로틴이 풍부한 참나물은 특유의 향이 있어 고기 요리에 잘 어울리는데요.
살짝 데쳐 나물로 무치면 향긋한 밑반찬이 완성된답니다.
마늘과 파를 넣지 않고 소금으로만 간해 본래의 맛을 최대한 살렸어요.

재 료
참나물(500g)
양념 소금(1), 참기름(2), 참깨(1)

만들기

1 참나물은 억센 줄기 부분은 잘라낸 뒤 4cm 길이로 자르고,

2 끓는 물에 소금(0.5)을 넣고 파랗게 데쳐 찬물에 헹궈 꼭 짜고,

3 데친 참나물에 소금(0.5), 참기름을 넣어 조물조물 버무리고,

4 그릇에 담고 참깨를 뿌려 마무리.
TIP! 들깻가루(약간)를 넣으면 부드럽게 즐길 수 있어요.

건강한 나물

14 연근무침

몸에 좋은 연근을 색다르게 즐기고 싶다면 다양한 채소와 함께 소스에 버무려보세요.
유자청이 들어가 상큼한 유자마요네즈 소스는 다른 무침요리와도 잘 어울린답니다.

재료 연근(작은 크기 1개), 브로콜리(½개), 빨간 파프리카(½개), 노란 파프리카(½개)
양념 식초(1), 소금(0.3+약간), 마요네즈(1.5), 유자청(1.5), 통들깨(0.5)

만들기

1 연근은 껍질을 벗기고 2~3mm 두께로 둥글게 썰어 끓는 물에 식초(1)를 넣고 데친 뒤 찬물에 헹궈 물기를 빼고,

2 브로콜리는 잘게 자르고, 파프리카는 사방 2cm 길이로 썰고,

3 잘게 자른 브로콜리는 끓는 물에 소금(0.3)을 넣고 데쳐 찬물에 헹궈 물기를 빼고,

4 볼에 연근, 파프리카, 브로콜리를 넣고 마요네즈와 유자청을 넣어 버무리고,

5 소금(약간)으로 간을 하고 통들깨를 넣어 마무리.

건강한 나물
15
궁채나물

동남아시아 지역에서는 상추대를 키워 줄기를 나물로 먹는다고 해요.
줄기상추, 똥채로도 불리는 이 궁채나물은 이색적인 식감이 매력적인데요.
들깻가루에 볶아주면 구수한 맛에 반한답니다.

재료 건궁채(100g)
양념 다진 마늘(0.5), 국간장(1), 들기름(2), 들깻가루(5)

만들기

1 궁채는 찬물에 1시간 동안 불린 뒤 씻어 4~5cm 길이로 썰고,

2 불린 궁채는 다진 마늘(0.5), 국간장(1), 들기름(2)을 넣어 무치고,

3 중간 불로 달군 팬에 2분간 볶고,

4 들깻가루(5)를 넣고 섞어 마무리.

건강한 나물
16
알타리동치미

빨갛게 담근 알타리무 김치도 밥도둑이지만,
동치미로 담그면 파릇한 무청과 함께 시원한 국물을 즐길 수 있어요.
만능 물김치 베이스로 제대로 감칠맛을 내보세요.

재료

알타리무(⅓단), 쪽파(1줌=50g), 청양고추(10개), 대추(10개)
절임 양념 물(1⅔컵), 소금(⅓컵), 맛술(⅓컵)
양념 만능 물김치 베이스(전부), 곰탕육수(1컵)

만들기

1 알타리무는 겉잎만 제거하고 무가 클 경우 반으로 깊게 칼집을 넣고,

2 쪽파는 끝을 정리하고, 청양고추는 꼭지를 제거하고, 대추는 씻어서 물기를 제거하고,

3 물(5컵)에 **절임 양념**을 섞은 뒤 알타리무를 넣어 1시간 정도 절여 씻어 건지고,

4 용기에 절인 알타리무, 쪽파, 청양고추를 담고 만능 물김치 베이스를 부은 뒤 대추를 넣어 섞고,

5 곰탕육수(1컵)를 붓고 실온에서 2~3일 둔 뒤 냉장 보관해 마무리.
TIP! 온도에 따라 조절해주세요.

만능 물김치 베이스(3kg 분량)

재료
배(300g=1개), 양파(300g=1개), 새우젓(70g)
양념 찹쌀풀(100g), 설탕(12g), 소금(10g), 액젓(140g), 미원(2g), 뉴슈가(3g), 간 마늘(100g), 간 생강(5g)

만들기
1 배, 양파, 새우젓은 믹서에 넣어 갈고,
2 모든 재료를 섞은 뒤 망에 넣고 물(2컵)을 넣어가며 치대어 물김치 국물을 만들어 마무리.

PART 3
맛 보장 전·튀김

저녁 메인으로도 안주로도 훌륭한 갓귀열의 맛보장 전·튀김 레시피를 소개해 드릴게요. 오늘 저녁 안주 걱정은 끝!

맛보장 전·튀김

01

청양고추전

알싸하게 매운 청양고추를 듬뿍 넣어 전으로 부쳤어요.
묘하게 중독적이라 안주로 내놓으면 순식간에 없어진답니다.
다른 채소와 해물을 추가해도 좋아요.

재료 청양고추(7개), 부추($\frac{1}{2}$줌=30g), 부침가루(1컵), 달걀물($\frac{1}{2}$컵)
양념 소금(약간)
초간장 간장(1)+식초(1)+물(1)

만들기

1 청양고추는 꼭지를 떼어 잘게 썰고, 부추는 1cm 크기로 자르고,

2 부침가루에 달걀물, 얼음물($\frac{1}{2}$컵), 소금을 넣어 고루 젓고,

3 손질한 청양고추와 부추를 넣어 섞고,

4 식용유(0.3)를 두른 팬에 반죽을 얇게 펴 올려 노릇하게 굽고,

5 그릇에 청양고추전을 담은 뒤 **초간장**을 곁들여 마무리.

맛보장 전·튀김

02
치즈감자전

시간은 다소 걸리지만 바삭하고 고소한 감자 팬케이크예요.
감자를 갈지 않고 얇게 채 썰어 부쳐 식감이 살아 있어요.

재 료 감자(1개=200g), 전분($\frac{1}{2}$컵), 버터(2), 피자치즈(1컵), 파르메산 치즈가루(약간), 파슬리가루(약간)

만들기

1 감자는 껍질을 벗겨 곱게 채 썰고,

2 감자채는 찬물에 담그고,

3 체에 건진 뒤 전분을 묻히고,

4 약한 불로 달군 팬에 버터(2)를 녹인 뒤 전분 묻힌 감자를 고루 펼쳐 올리고,

5 7~8분간 노릇하게 익힌 뒤 뒤집어서 다시 7~8분 익혀 양면이 노릇해지면 피자치즈를 뿌리고,

6 반으로 접고 치즈가 다 녹으면 파르메산 치즈가루, 파슬리가루를 뿌려 마무리.
TIP! 새콤한 겉절이와 함께하면 좋아요.

맛보장 전·튀김
03
냉이튀김

유귀열의 초초 요리법 · **PART 3** 맛 보장 전 · 튀김

향이 좋은 냉이를 통째로 바삭하게 튀겨냈더니 순식간에 접시가 비워져요.
다양한 잎채소와 뿌리채소로 입맛 돋우는 튀김을 만들어보세요.

재료
냉이(1줌=100g), 전분(⅔컵), 튀김가루(1컵)
초간장 간장(3)+식초(2)+설탕(1.5)+물(3)+레몬즙(약간)

만들기

1 냉이는 잎과 뿌리 사이를 손질한 뒤 물에 깨끗이 씻어 건지고,

2 냉이에 전분을 묻히고,
TIP! 튀기기 직전에 묻혀야 뭉치지 않아요.

3 튀김가루와 물(1컵)을 섞고,
TIP! 반죽물을 많이 저으면 튀김옷이 딱딱해지므로 열십자 모양으로 대강 저어주세요.

4 냉이에 튀김옷을 입힌 뒤 180℃로 예열한 식용유(3컵)에 2~3분간 튀겨 건지고,
TIP! 젓가락으로 찔렀을 때 딱딱하면 꺼내요.

5 그릇에 냉이튀김을 담은 뒤 **초간장**을 곁들여 마무리.

맛보장 전·튀김

04
어묵가지튀김

집에서 늘 먹는 가지무침과 어묵볶음을 색다르게 즐기고 싶을 때 만들면 좋아요.
가지를 소금에 절여 수분을 제거한 뒤 튀기면 쫄깃한 식감을 낼 수 있어요.

재 료 가지(2개), 사각어묵(3장), 송송 썬 쪽파(약간)
선택 재료 실고추(2)
양념 고운 소금(2), 참깨(1)

만들기

1 가지는 막대 모양으로 썰어
고운 소금(2)을 뿌려 1시간 정도 절이고,

2 사각어묵은 길게 1cm 폭으로 썰고,

3 절인 가지는 손으로 꼭 짜고,
TIP! 물기를 너무 빼면 질겨지고 덜 빼면 물러져요.

4 180℃로 예열한 식용유(3컵)에 가지를
넣고 노릇하게 튀겨내고,

5 180℃로 예열한 식용유(3컵)에 어묵을
넣고 떠오르면 바로 건져내고,

6 튀긴 가지와 어묵에 실고추, 쪽파를
버무리고 참깨를 뿌려 마무리.

누에고치를 닮은 초석잠은 석잠풀의 뿌리로, 뇌에 좋은 성분이 다량 함유되어
치매 예방과 기억력 향상에 효능이 있다고 해요.
아삭하니 색다른 식감의 튀김으로 맛보세요.

재료 초석잠(100g), 튀김가루(1컵), 새우(6마리), 깻잎(2장)
튀김옷 튀김가루(1컵)+물($\frac{2}{3}$컵)

만들기

1 초석잠은 바락바락 주물러 깨끗이 씻은 뒤 튀김가루(3)를 묻히고,

2 새우는 칼집을 넣어 손질한 뒤 튀김가루(4)를 묻히고,

3 깻잎은 꼭지를 떼고 깨끗이 씻어 튀김가루(3)를 묻히고,

4 **튀김옷**을 입혀 180℃로 예열한 식용유(5컵)에 2분간 튀겨 마무리.

맛보장 전·튀김
06
늙은호박전

된장찌개에 넣어도 별미인 늙은호박을 전으로 부쳤어요.
다른 재료 필요 없이 부침가루만 섞어 부치면 달큰한 호박전이 완성돼요.

재료 늙은호박(⅛통=250g)
반죽 재료 부침가루(1컵)

만들기

1 늙은호박은 껍질을 벗겨 곱게 채 썰고,

2 부침가루와 채 썬 늙은호박을 넣어 섞고,

3 달군 팬에 식용유(4)를 두른 뒤 반죽을 얇게 펴고,

4 앞뒤로 4분간 노릇하게 익혀 마무리.

맛보장 전·튀김

07
김치전

한국인의 소울푸드 김치는 찌개, 볶음밥, 국수 등 안 들어가는 곳이 없죠.
집에 있는 재료 더해 전으로 부치면 새콤 짭짤하면서도 고소한 맛에
간식은 물론 안주로도 최고예요.

재 료 김치(1컵), 오징어(1마리), 쪽파(3대)
반죽 재료 부침가루($\frac{2}{3}$컵), 전분($\frac{1}{3}$컵), 달걀물(1개 분량)

만들기

1 김치는 송송 썰고, 오징어는 둥글게 썰고,
   TIP! 오징어는 내장과 눈을 제거해요.

2 쪽파는 4cm 길이로 썰고,

3 **반죽 재료**를 고루 섞어 반죽을 만들고,

4 반죽에 오징어, 김치, 쪽파를 넣어 고루 섞고,

5 중간 불로 달군 팬에 식용유(5)를 두르고 반죽을 올려 앞뒤로 4분간 익혀 마무리.
   TIP! 바삭하게 익혀주세요.

맛보장전·튀김
08
애호박새우전

연두색 애호박에 분홍색 새우가 알알이 박혀 보기만 해도 먹음직스러운 전이에요.
호박전을 얇게 펴고 새우살을 따로 올려야 모양이 예뻐요.

재료 애호박(½개), 새우살(1컵)
반죽 재료 부침가루(1컵), 전분(1컵)
양념 소금(0.2)

만들기

1 애호박은 굵게 채 썰고,

2 애호박에 **양념**을 넣어 2분간 재우고,

3 절인 애호박에 부침가루(½컵), 전분(½컵)을 고루 섞고,

4 새우살에도 부침가루(½컵), 전분(½컵)을 고루 섞고,

5 애호박 반죽에 물(⅓컵)을 넣어 섞은 뒤 중간 불로 달군 팬에 식용유(5)를 두르고 반죽을 얇게 펴 새우살을 올리고,

6 앞뒤로 4분간 익혀 마무리.

맛보장 전·튀김

09
굴전

굴을 꼬치에 꽂아 달걀말이하듯 부쳤어요. 핫바처럼 들고 먹기에도 좋답니다.
굴은 미리 살짝 데치면 모양이 흐트러지지 않아 부치기 쉬워요.
어린잎채소로 겉절이를 만들어 곁들여도 좋아요.

재료 생굴(500g), 달걀(2개), 쪽파(1대), 실고추(⅓컵), 밀가루(1컵)
양념 소금(2), 후춧가루(약간)

만들기

1 생굴은 소금물(물5컵+소금1)에 씻은 뒤 끓는 물에 넣어 통통해지면 꺼내고,
TIP! 흔들어 씻으면서 껍데기를 골라내며 헹구세요.

2 데친 굴에 소금(1), 후춧가루로 간한 뒤 꼬치에 5~6개씩 끼우고,

3 달걀은 곱게 풀어 송송 썬 쪽파와 실고추를 섞고,

4 굴꼬치에 밀가루를 묻히고,

5 굴꼬치를 달걀물에 적셔 식용유(5)를 두른 달군 팬에 달걀말이하듯 부쳐 마무리.
TIP! 달걀물을 약간씩 부어가며 익힌 뒤 한 번 더 뒤집어 두툼하게 부쳐주세요.

맛보장전·튀김

10
쇠고기가지튀김

물기 많은 가지는 살짝 절여 물기를 뺀 뒤 튀겨야 식감과 풍미가 살아나요.
달달하게 볶은 쇠고기와 함께하니 밥반찬으로도 잘 어울려요.

재료

가지(2개), 간 쇠고기(200g), 쪽파(1대)
양념 고운 소금(3), 참깨(약간), 1cm로 자른 실고추(약간)
불고기 양념 설탕(2)+간장(6)+올리고당(1)+간 양파(3)+다진 마늘(0.5)+참기름(2)+후춧가루(약간)

만들기

1 가지는 길게 막대 모양으로 썰어 고운 소금에 절이고,

2 간 쇠고기는 물에 담가 핏물을 뺀 뒤 **불고기 양념**에 버무리고,

3 양념한 쇠고기를 중간 불로 달군 팬에 국물 없이 보슬보슬하게 볶고,

4 절인 가지는 손으로 꼭 짜 물기를 빼고,

5 170℃로 예열한 식용유에 물기 뺀 가지를 넣고 센 불에서 노릇하게 튀기고,

6 튀긴 가지에 볶은 고기와 송송 썬 쪽파, 참깨, 실고추를 넣고 섞어 마무리.

맛보장 전·튀김

II
도라지튀김

쌉싸래한 도라지를 무침이나 볶음으로만 해먹었다면
바삭하게 튀겨 알싸한 겨자소스를 곁들여보세요.
익숙한 듯 새로운 맛에 자꾸 손이 간답니다.

재료 도라지채(100g), 튀김가루(1컵), 어린잎채소(1줌)
튀김옷 재료 튀김가루(⅔컵)　**양념** 소금(0.5)
겨자소스 씨겨자(0.5)+간장(0.8)+설탕(1.2)+레몬식초(1.2)+레몬주스(0.3)

만들기

1. 도라지채는 7~8cm 길이로 썰어 소금을 넣고 주물러 쓴맛을 뺀 뒤 물에 헹궈 체에 밭치고,

2. 튀김가루(⅔컵)에 물(½컵)을 넣고 가볍게 섞어 튀김옷을 만들고,

3. 도라지채를 튀김가루(1컵)와 함께 비닐백에 넣어 고루 흔든 뒤 튀김옷을 두껍지 않게 입히고,

4. 180℃로 예열한 식용유(4컵)에 튀김옷을 입힌 도라지를 2분간 튀겨 건지고,

5. **겨자소스**를 만들고,

6. 튀긴 도라지를 그릇에 담고 어린잎채소를 올린 뒤 겨자소스를 뿌려 마무리.

PART 3
손쉬운 볶음·구이

> 볶음·구이 요리만큼 까다로운 것도 없죠.
> 간단하지만 정확하게 알려드릴 테니
> 눈 크게 뜨고 저만 따라오세요!

손쉬운 볶음·구이

01
김치어묵볶음

집에 있는 재료로 간단하게 만들 수 있는 반찬이에요.
별다른 양념 없이 김치와 어묵만 볶아도 간이 맞아요.

재료 신김치(2컵=300g), 사각어묵(4장), 쪽파(4대=30g), 풋고추(1개)
선택 재료 홍고추(1개)

만들기

1 신김치는 먹기 좋은 크기로 썰고,

2 사각어묵은 한입 크기로 썰어 끓는 물에 데쳐 물기를 빼고,

3 쪽파는 4cm 크기로 썰고, 고추는 어슷 썰고,

4 팬에 식용유(5)를 두른 뒤 김치, 어묵을 넣어 3~4분간 볶고,

5 쪽파와 고추를 넣어 2분간 더 볶아 마무리.
TIP! 김치와 어묵으로 간이 되기 때문에 양념을 따로 넣지 않아도 괜찮아요.

손쉬운 볶음·구이
02
새송이감자볶음

집에 있는 자투리채소를 몽땅 넣어 간장 양념에 볶아보세요.
달콤 짭조름한 양념에 다양한 채소의 식감이 어우러져
별다른 반찬 없어도 밥 한 공기 거뜬해요.

재료 감자(2개), 새송이버섯(2개)
선택 재료 가지(1개), 당근($\frac{1}{2}$개), 청양고추(1개)
양념장 간장($\frac{1}{2}$컵), 물엿($\frac{1}{2}$컵), 물($\frac{1}{2}$컵), 고운 고춧가루(1)

만들기

1 감자는 껍질을 벗겨 사방 2cm 크기로 썰어 물에 담그고, 가지는 길게 반 갈라 삼각형 모양으로 썰고,

2 새송이버섯도 삼각형 모양으로 썰고, 당근은 감자와 같은 크기로 썰고, 청양고추는 2cm 길이로 썰고,

3 중간 불로 달군 팬에 식용유($\frac{1}{2}$컵)를 두르고 감자를 볶다가 새송이버섯, 당근을 넣어 5분간 볶고,

4 **양념장**과 가지, 청양고추를 넣어 국물이 없어질 때까지 바싹 조리고,

5 그릇에 담아 마무리.

손쉬운 볶음·구이

03
멸치부추볶음

늘 먹는 잔멸치볶음에 부추와 레드페퍼를 넣어 변화를 주었어요.
잔멸치는 마른 팬에 바삭하게 볶아 비린내를 날려주세요.

재료 부추(10g), 잔멸치(2컵)
선택 재료 크러쉬드 레드페퍼(2)
양념 다진 마늘(3), 매실액(3), 설탕(5), 참기름(1)

만들기

1 부추는 4cm 길이로 자르고,

2 마른 팬에 잔멸치를 볶아 비린내를 날리고,

3 멸치에 식용유(5), 다진 마늘, 매실액, 설탕을 넣고 바글바글 끓을 때까지 볶고,

4 멸치에 부추, 크러쉬드 레드페퍼를 넣고 섞은 뒤 참기름을 뿌리고,

5 그릇에 담아 마무리.
TIP! 크러쉬드 레드페퍼는 굵게 부순 인도산 고추라고 생각하면 돼요.

손쉬운 볶음·구이
04
청국장가지구이

평범한 가지구이에 청국장 넣은 양념장을 얹었을 뿐인데 전혀 색다른 요리가 되었어요.
청국장의 깊은 맛을 가지가 부드럽게 감싸주어 입안 가득 구수함이 퍼진답니다.
손님상에 내도 손색없는 메뉴예요.

재료

가지(2개)
양념장 청국장(3)+쌈장(1)+다진 파(1)+다진 청양고추(1)+다진 양파(1)+다진 마늘(1)+들기름(3)+고춧가루(1)

만들기

1 가지는 길게 반 가른 뒤 3등분해 썰고,

2 **양념장**을 만들고,

3 센 불로 달군 마른 팬에 가지를 넣어 앞뒤로 3분간 굽고,
TIP! 가지가 노릇해지면 적당해요.

4 그릇에 가지를 담은 뒤 양념장을 올려 마무리.

손쉬운 볶음·구이

05
가지된장구이

여름이 제철인 가지는 한식, 중식, 양식 어디에나 어울리는 만능 식재료예요.
된장에 다진 파를 듬뿍 넣어 구운 가지 위에 얹으면 입맛 돋우는 반찬이 완성된답니다.

재료

가지(2개)
양념장 된장(3)+다진 파(⅓ 컵)+다진 마늘(2)+맛술(1.5)+참기름(1)+굵은 고춧가루(1)

만들기

1 가지는 길게 반 가른 뒤 큼직하게 썰고,

2 **양념장**은 고루 섞고,
TIP! 되직하다 싶으면 약간의 물(2)을 섞어 농도를 맞춰요.

3 센 불로 달군 마른 팬에 가지를 앞뒤로 3분간 굽고,
TIP! 가지에 색이 날 정도로 구워줘요.

4 그릇에 구운 가지를 담은 뒤 양념장을 얹어 마무리.

손쉬운 볶음·구이
06
통도라지찹쌀구이

통도라지에 찹쌀가루를 묻혀 구우면 입에 착 붙는 도라지구이를 만들 수 있어요.
찹쌀가루는 찹쌀을 불려 빻은 것을 사용했어요.
양념장을 미리 만들어 숙성하면 맛이 더 좋아요.

재료 통도라지(3개), 찹쌀가루(5), 쪽파(½대) **양념** 소금(1), 참깨(0.5)
양념장 간 양파(½컵)+다진 마늘(0.5)+간장(3)+올리고당(1.5)+맛술(1)+설탕(1.5)+고춧가루(½컵)+참기름(0.5)

TIP! 고춧가루는 농도를 조절해 넣어요.

만들기

1 도라지는 길게 칼집을 넣고 살짝 두들기고,

2 소금물(물5컵+소금1)에 30분 정도 담가 쓴맛을 뺀 뒤 건져 찹쌀가루를 두툼하게 묻히고,
TIP! 물을 뿌려가며 찹쌀가루를 묻히면 두툼하게 묻혀요.

3 **양념장**을 고루 섞고,

4 중간 불로 달군 팬에 식용유(5)를 두른 뒤 찹쌀가루를 묻힌 도라지를 앞뒤로 노릇하게 5분간 굽고, **TIP!** 넉넉한 기름에 튀기듯 구워요.

5 노릇하게 구운 도라지에 양념장을 앞뒤로 바르고,

6 그릇에 담은 뒤 쪽파와 참깨를 뿌려 마무리.

손쉬운 볶음·구이

07
뱅어포구이

뱅어포는 잔멸치나 새우보다 칼슘 함량이 많은 영양 식재료예요.
양념이 타지 않게 석쇠에 구워 불맛을 입히는 게 포인트예요.

재료 뱅어포(10장), 쪽파(1대)
양념장 고추장(5)+간장(2.5)+올리고당(1)+맛술(2)+참기름(3)
양념 참깨(2)

만들기

1   **양념장**을 만들고,

2   뱅어포 한쪽 면에 양념장을 바르고 위에 뱅어포를 올려 다시 양념장 바르고,

3   중간 불로 달군 석쇠에 식용유(2)를 바른 뒤 뱅어포를 올려 앞뒤로 2분간 굽고,
TIP! 불에 가까이 대면 금방 탈 수 있어요.

4   먹기 좋은 크기로 자르고,

5   그릇에 담은 뒤 송송 썬 쪽파와 참깨를 뿌려 마무리.

손쉬운 볶음·구이
08
실오징어채볶음

따로 양념장 만들 필요 없이 고추기름에만 볶아줘도 매콤한 풍미가 살아나요.
설탕은 오징어채를 볶은 뒤 나중에 뿌려주세요.

재 료 실오징어채(200g) **양념** 고추기름(6), 설탕(4), 참깨(5)

TIP! 고추기름 만드는 법
재료 : 참기름(1), 다진 마늘(1), 고춧가루(2)
팬에 참기름(1)을 두른 뒤 다진 마늘과 고춧가루를 넣어 중간 불에 2분간 볶아 고추기름을 만들고 한 김 식혀 마무리.

만들기

1 실오징어채는 반으로 잘라 뭉친 부분을 곱게 풀고,

2 팬에 식용유(4)와 고추기름(6)을 둘러 중간 불에 올리고,

3 기름이 달궈지면 오징어채를 넣고 주걱으로 재빨리 고루 젓고,

4 오징어채가 고슬고슬해지면 불을 끄고 설탕과 참깨를 뿌려 마무리.

손쉬운 볶음·구이

09
감자채볶음

유귀열의 초초 요리법 · PART 4 **손쉬운 볶음 · 구이**

쉬워 보이면서도 은근히 까다로운 게 감자채볶음이에요.
눌어붙지 않고 아삭아삭한 감자채볶음을 만들고 싶다면
감자채를 물에 담가 전분기를 헹군 뒤 반쯤 데쳐 볶아주세요.

재 료 감자(2개), 당근($\frac{1}{4}$개), 양파($\frac{1}{3}$개)
양념 소금(2), 후춧가루(약간), 참깨(1)

만들기

1 감자와 당근, 양파는 얇게 채 썰고,

2 감자는 물에 담가두고,

3 끓는 물(5컵)에 소금(1)을 넣고 채 썬 감자를 넣어 사각사각할 정도로 데쳐 건지고,

4 중간 불로 달군 팬에 식용유(3)를 두르고 감자, 양파, 당근을 소금(1)으로 간해가며 볶고,

5 감자가 부드럽게 익으면 후춧가루, 참깨를 뿌려 마무리.

PART 5

든든한 국·찌개

가족의 축 처진 어깨만큼 안타까운 게 없죠.
얼큰하고 든든한 국·찌개 요리로
오늘은 기운을 확 불어넣어 주세요!

든든한 국·찌개

01
김치콩나물국

시원한 맛이 일품인 김치콩나물국을 한솥 가득 끓여 놓으면 든든하죠.
콩나물 비린내가 나지 않도록 뚜껑을 열고 끓여주세요.

재료
콩나물(1줌=50g), 배추김치(½컵=50g), 양파(⅓개), 대파(10cm), 국물용 멸치(5마리)
다시마물(2컵) TIP! 다시마물 만드는 법 : 물(1컵)에 다시마(1장=5×5cm)를 넣어 30분간 우려 만들어요.
선택 재료 고춧가루(1)

만들기

1 콩나물은 깨끗이 씻고, 배추김치는 송송 썰고

2 양파는 채 썰고, 대파는 어슷 썰고,

3 냄비에 다시마물(2컵)을 붓고 멸치, 김치, 콩나물, 양파, 대파를 모두 넣어 5분간 끓이고,

4 고춧가루를 넣어 마무리.

든든한 국·찌개
02
들깨탕

한 그릇 먹고 나면 속이 든든해지는 겨울 보양식이에요.
버섯과 감자, 양파 등을 활용하면 다양한 들깨탕을 맛볼 수 있어요.

재료 느타리버섯(100g), 송송 썬 쪽파(약간) **선택 재료** 조랭이떡(100g) **TIP!** 떡 대신 감자나 두부, 토란을 이용해도 좋아요.
육수 재료 멸치(10마리), 다시마(1장=4×4cm)
양념 들기름(1), 국간장(1), 거피 들깻가루(5)

만들기

1 냄비에 물(3컵)을 붓고 **육수 재료**를 넣어 5분간 끓인 뒤 건더기를 건져내고,

2 느타리버섯은 굵은 것은 찢어 끓는 물에 데치고, 조랭이떡은 찬물에 씻어 건지고,

3 데친 느타리버섯에 들기름, 국간장을 넣어 조물조물 무치고,

4 끓는 육수에 느타리버섯, 조랭이떡을 넣어 3분간 끓인 뒤 거피 들깻가루를 넣고,

5 그릇에 담은 뒤 송송 썬 쪽파를 뿌려 마무리.

03
순두부찌개

배추, 버섯, 애호박 등 채소를 푸짐하게 넣어 담백하게 끓인 순두부찌개예요.
바지락, 새우 등 해물을 더하거나 마지막에 달걀을 깨 넣어도 좋아요.

재료
느타리버섯(½줌=20g), 배추(2장), 대파(10cm), 애호박(½개), 순두부(1봉)
양념 참기름(1), 다진 마늘(1), 고춧가루(2), 국간장(1), 소금(0.5)
멸치 육수 물(4컵), 멸치(10마리)

만들기

1. 느타리버섯은 잘게 찢고, 배추는 먹기 좋은 크기로 썰고, 대파는 5cm 길이로 썰어 반 가르고, 애호박은 먹기 좋은 크기로 썰고, 순두부는 둥글게 썰고,

2. 팬에 참기름(1)을 두른 뒤 다진 마늘과 고춧가루를 넣어 중간 불에 2분간 볶아 고추기름을 만들고,

3. **멸치 육수**에 국간장으로 간을 하고.
TIP! 육수는 고기 육수나 해물 육수도 좋아요.

4. 냄비에 버섯, 배추, 대파, 애호박을 담고 순두부를 가지런히 놓은 뒤 육수를 둘러 붓고,
TIP! 취향에 따라 홍고추나 청양고추를 더해도 좋아요.

5. 불에 올려 끓으면 소금으로 간을 한 뒤 고추기름을 둘러 마무리.

든든한 국·찌개

04
고추장찌개

돼지고기에 갖은 채소 넣어 칼칼하게 끓인 고추장찌개를 밥에 넣어 슥슥 비벼 먹으면
다른 반찬 없이도 밥 한 공기 금세 비우죠.
양념장에 쌈장을 넣으면 구수하고 깊은 맛이 나요. 참치액으로 감칠맛도 살렸어요.

재료

애호박(½개), 양파(½개), 청양고추(2개), 대파(20cm), 감자(1개), 양배추(3장), 두부(½모),
돼지고기(앞다릿살 200g), 시판 다시백(1개)
양념장 고추장(2)+쌈장(0.7)+굵은 고춧가루(2)+다진 마늘(2)+참치액젓(1) **양념** 소금(약간)

만들기

1. 애호박은 반달 모양으로 썰고, 양파와 청양고추, 대파, 감자, 양배추, 두부, 돼지고기는 한입 크기로 썰고,
   TIP! 돼지고기는 지방 부분을 제거해주세요

2. **양념장**을 만들고,

3. 냄비에 물(3컵)과 시판 다시백을 넣어 5분간 끓이고,

4. 다시백을 건져 낸 육수에 두부를 제외한 손질한 재료를 모두 넣어 10분 정도 끓이고,

5. 채소가 익으면 양념장과 두부, 소금(약간)을 넣어 한소끔 끓여 마무리.
   TIP! 양념장은 채소가 익었을 때 넣어주는 게 좋아요

든든한 국·찌개

05
시금치된장국

시금치국에 날콩가루를 넣으면 된장의 풍미가 좋아지고 국물 맛도 깊어진답니다.
마른 새우로 식감과 감칠맛을 더했어요.

재료 시금치(1단=200g), 멸치다시마 육수(5컵), 마른 새우(2줌)
양념 된장(1), 다진 마늘(0.3), 날콩가루(2), 고춧가루(0.2), 국간장(0.3), 다진 파(2)

TIP! 시판 다시백을 하룻밤 정도 물에 우리면 따로 육수를 끓일 필요 없어요.

만들기

1 시금치는 뿌리 쪽에 칼집을 내 손질한 뒤 깨끗이 씻어 2등분하고,

2 멸치다시마 육수를 냄비에 넣고 된장을 체에 밭쳐 푼 뒤 다진 마늘(0.3)을 넣고,

3 국물이 끓기 시작하면 마른 새우를 넣어 끓이고,

4 손질한 시금치에 날콩가루를 넣어 버무린 뒤 국물에 넣어 끓이고,

5 굵은 고춧가루를 풀고,

6 국간장으로 간을 하고 다진 파를 넣어 마무리.

든든한국·찌개
06
얼큰버섯전골

시원한 콩나물 육수에 버섯과 채소, 불고기가 어우러져 풍부한 맛이 나요.
국간장과 액젓으로 양념하면 텁텁함 없이 깔끔해요.

재료 표고버섯(2개), 느타리버섯(1줌), 팽이버섯(½봉), 애호박(½개), 양파(½개), 대파 흰부분(20cm), 홍고추(1개), 쑥갓(½줌), 쇠고기(불고기용 150g) **육수 재료** 멸치(1줌), 마른 고추(3개), 콩나물(300g) **양념** 식초(1) **밑간** 간장(1), 참기름(1), 설탕(0.5), 후춧가루(약간) **양념장** 고춧가루(3)+국간장(4)+액젓(1)+다진 마늘(1)

만들기

1. 버섯과 애호박, 양파, 대파는 비슷한 길이로 손질하고, 홍고추는 어슷 썰고, 쑥갓은 먹기 좋게 등분하고,

2. 고기는 **밑간**에 버무리고,

3. **양념장**을 만들고,

4. 냄비에 물(7컵)과 **육수 재료**를 넣고 뚜껑을 덮어 10분간 끓인 뒤 식초(1)를 넣고,
TIP! 식초가 육수 비린내를 잡아줘요.

5. 육수가 끓어오르면 건더기는 건져내고,

6. 육수에 양념장을 고루 풀고 준비한 채소를 둘러 담은 뒤 밑간한 불고기를 가운데에 올려 한소끔 끓이고 쑥갓을 얹어 마무리.

든든한국·찌개
07
얼큰주꾸미전골

피로회복에 좋은 타우린이 풍부한 주꾸미는 제철인 봄에 꼭 맛보세요.
주꾸미는 마지막에 넣어 살짝 익혀야 질겨지지 않아요.
무 대신 단맛이 좋은 콜라비를 사용했어요.

재료
주꾸미(7마리=600g), 콜라비(½개), 감자(1개), 느타리버섯(½줌), 새송이버섯(1개), 양파(¼개), 당근(¼개),
청양고추(1개), 홍고추(1개), 미나리(2대) **육수 재료** 국물용 멸치(15마리), 보리새우(½컵)
양념 레몬식초(1.5) **양념장** 고운 고춧가루(1)+국간장(3)+고추장(2)+다진 마늘(1)

만들기

1. 주꾸미는 레몬식초(1)를 섞은 물(1컵)에 담갔다 건져 물기를 제거하고,

2. 냄비에 물(5컵)을 붓고 **육수 재료**를 다시백에 넣어 5분간 끓여 육수를 우리고,

3. 콜라비, 감자, 버섯, 양파, 당근은 한입 크기로 손질하고, 고추는 어슷 썰고, 미나리는 5cm 길이로 썰고,

4. **양념장**을 만들고,

5. 전골냄비에 육수를 부은 뒤 콜라비를 넣어 5분간 끓이고,

6. 양념장을 푼 뒤 미나리를 제외한 손질한 채소를 둘러 담고,

7. 주꾸미를 가운데 넣고 레몬식초(0.5)를 뿌려 10~15분간 끓이고,
TIP! 식초가 주꾸미의 비린맛을 잡아줘요.

8. 주꾸미가 익으면 미나리를 넣어 마무리.

깍두기 볶음밥
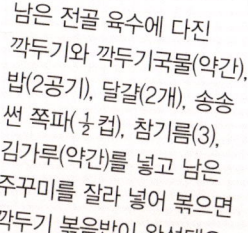
남은 전골 육수에 다진 깍두기와 깍두기국물(약간), 밥(2공기), 달걀(2개), 송송 썬 쪽파(½컵), 참기름(3), 김가루(약간)를 넣고 남은 주꾸미를 잘라 넣어 볶으면 깍두기 볶음밥이 완성돼요.

든든한 국·찌개
08
황탯국

시원하게 즐기는 황탯국에 쇠고기를 넣어 깊은 맛을 더했어요.
새우젓으로 간하면 감칠맛이 나면서도 국물 맛이 개운하답니다.

재료 황태채(1줌), 무(½토막), 대파(1대), 홍고추(1개), 쇠고기(50g)
양념 들기름(3), 다진 마늘(1), 국간장(1), 새우젓(1), 소금(약간)

TIP! 무 대신에 감자를 넣을 수 있어요.

만들기

1. 물(5컵)에 황태채를 넣어 불리고,
   TIP! 황태 불린 물은 육수로 사용하기 위해 남겨 둬요.

2. 무는 얇게 썰고, 대파, 홍고추는 어슷 썰고, 쇠고기는 먹기 좋게 썰고,

3. 불린 황태채는 건져 꼭 짠 뒤 한입 크기로 썰고,

4. 냄비에 들기름을 두르고 황태채와 쇠고기를 넣어 중간 불로 볶고,

5. 다진 마늘과 얇게 썬 무를 넣어 볶고,

6. 무가 투명해지면 황태 불린 물을 한 컵씩 넣어가며 10분간 끓인 뒤 국간장, 새우젓, 소금으로 간을 맞추고 대파와 홍고추를 넣어 마무리.

든든한 국·찌개

09
주꾸미 맑은탕

양념을 줄이고 맑게 끓여 해산물 본연의 맛을 최대한 즐길 수 있는 탕이에요.
육수에 비타민 음료를 넣으면 구연산 등이 감칠맛을 내준답니다.
고추냉이의 알싸한 맛을 곁들인 소스에 찍어 드세요.

재료
주꾸미(6마리), 미나리(10대), 단호박(⅛통), 양배추(⅛통), 무(2cm두께 1토막), 양파(½개), 팽이버섯(½봉), 느타리버섯(½팩), 모시조개(1컵), 새우(8마리) **육수 재료** 비타민 음료(½병=100mL), 국간장(1), 멸치액젓(1)
소스 간장(1)+맛술(1)+레몬즙(1)+물(3)+고추냉이(약간)

만들기

1 냄비에 물(5컵)과 **육수 재료**를 넣고 끓여 육수를 만들고,

2 미나리, 단호박, 양배추, 무, 양파는 한입 크기로 자르고, 팽이버섯, 느타리버섯은 다듬고,

3 **소스**를 만들고,

4 육수가 끓기 시작하면 모시조개를 넣은 뒤 새우와 채소를 둘러 담고,

5 다시 끓으면 주꾸미를 넣고 한소끔 더 끓인 뒤 소스를 곁들여 마무리.

든든한국·찌개

10

돼지고기육개장

쇠고기 대신 돼지고기로 육개장을 만들었어요.
애호박을 갈아 넣어 국물 맛에 깊이를 더해보세요.

재료 돼지고기(아롱사태 500g), 삶은 고사리(1줌), 느타리버섯(1줌), 숙주(200g), 대파(2대), 무($\frac{1}{3}$개), 애호박($\frac{1}{2}$개)
밑간 생강즙(1), 맛술(2), 참기름(2)
양념장 고운 고춧가루(3)+굵은 고춧가루(3)+다진 마늘(3)+국간장(5)+소금(0.5)+참기름(1)

만들기

1 돼지고기는 한입 크기로 썰어 **밑간**하고,

2 고사리, 느타리버섯, 숙주는 먹기 좋게 손질하고, 대파는 5cm 길이로 썰어 반 가르고, 무는 1cm 두께로 길게 썰고, 애호박은 물(2$\frac{1}{2}$컵)과 함께 갈고,

3 손질한 채소에 **양념장**을 넣어 버무리고,

4 돼지고기를 냄비에 넣어 하얗게 될 때까지 볶고,

5 양념한 채소와 뜨거운 물(5컵)을 넣어 끓이고,

6 육개장에 애호박물을 넣어 10분간 더 끓여 마무리.
TIP! 애호박물을 넣으면 국물에 감칠맛이 풍부해져요.

든든한국・찌개

II
대구탕

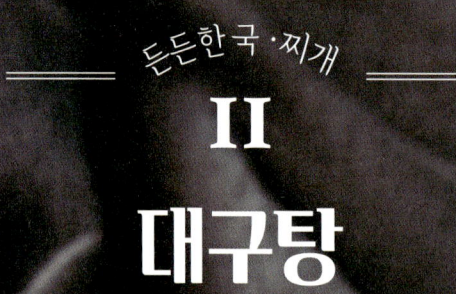

대구를 사과즙에 재워두면 살에 탄력이 생기고 천연 단맛이 스며들어 감칠맛도 좋아진답니다.
다시마 대신 미역으로 우린 육수가 더욱 풍부한 맛을 내줘요.

재료
대구(1마리), 무(⅓개), 불린 미역(1줌), 미나리(1줌), 대파(1대), 청홍고추(4개), 사과(1개)
양념장 고춧가루(3)+국간장(2)+다진 마늘(2)+고추장(1)+쌈장(1)+소금(0.5)

만들기

1 대구는 아가미를 제거하고 내장 쪽의 핏덩이를 제거한 뒤 깨끗이 씻고,

2 무는 나박 썰고, 미역은 한입 크기로 썰고, 미나리와 대파는 6cm 길이로 썰고, 고추는 송송 썰고,

3 사과는 4등분하여 믹서에 갈아 베보자기에 거르고,

4 사과즙(1컵)을 대구에 뿌려 5분간 재워두고,
TIP! 사과즙에 대구를 담가두면 사과의 유기산 성분이 단백질을 단단하게 만들어 살이 탱탱해지고, 천연 단맛이 배어들어 감칠맛이 좋아져요.

5 **양념장**을 만들고,

6 냄비에 물(8컵)과 나박 썬 무, 미역을 넣고 10분간 끓인 뒤 미역은 건져내고,
TIP! 미역을 넣어 육수를 내면 다시마보다 감칠맛이 좋아요.

7 양념장을 풀고 바글바글 끓으면 손질한 대구를 넣고 20분간 끓이고,

8 미나리, 대파, 청홍고추를 넣고 한 번 더 끓여 마무리.

든든한 국·찌개

12
우럭매운탕

10월에 안 먹으면 후회하는 제철 생선 우럭으로 속이 확 풀리는 매운탕을 끓여보세요.
무말랭이로 매운탕 육수를 내면 무 특유의 시원한 맛에 구수한 감칠맛이 더해져
다른 재료를 더할 필요가 없답니다. 양념장의 황금비율만 알면 어떤 매운탕이라도 걱정 없어요.

재료 우럭(2마리), 애호박(½개), 대파(½대), 무(⅓개), 양파(1개), 팽이버섯(1봉), 쑥갓(1줌)
육수 재료 무말랭이(1줌)   **양념** 식초(1)
양념장 고추장(1)+된장(1)+고춧가루(2)+간장(2)+다진 마늘(2)

만들기

1 우럭은 비늘을 긁어내고 배를 갈라 내장을 제거한 뒤 앞뒤로 칼집을 3~4번 내고,
TIP! 쓴맛을 내는 쓸개, 비린내의 원인인 아가미는 제거해주세요.

2 애호박은 반달 썰고, 대파는 길게 썰고, 무는 길게 나박 썰고, 양파는 채 썰고, 팽이버섯은 밑동을 잘라내고,

3 우럭이 잠길 만큼의 물에 식초를 넣고 우럭을 헹구고,
TIP! 우럭의 비린내를 잡기 위해서예요. 구이용 생선에는 식초를 사용하지 않아요.

4 냄비에 물(7컵)을 넣고 끓으면 무말랭이를 넣어 10분 동안 끓이고,
TIP! 무말랭이로 육수를 내면 멸치육수처럼 감칠맛이 나고 말린 음식 특유의 구수하고 부드러운 맛이 더해져요.

5 **양념장**을 만들고,
TIP! 매운탕 양념장의 황금비율은 고추장1 : 된장1 : 고춧가루2 예요.

6 육수에서 무말랭이를 건져낸 뒤 양념장을 풀고 우럭을 넣고,

7 손질한 채소를 넣고 센 불에서 20분 동안 끓이고,

8 쑥갓을 올려 마무리.
TIP! 기호에 따라 고추를 넣어 드시면 더 맛있어요.

든든한 국·찌개

13
동태탕

깔끔한 맛의 동태탕을 맛볼 수 있도록 동태를 손질하는 비법을 알려드릴게요.
먼저 동태의 내장과 검은 막을 말끔하게 제거해야 쓴맛이 나지 않아요. 비린내의 원인인 아가미 제거도 필수!
귤껍질을 넣은 소금물에 동태를 담가두면 남아 있는 비린내도 말끔히 사라진답니다.

재료
동태(1마리), 무(4cm, 1토막), 애호박(½개), 양파(½개), 대파(½대), 청양고추(2개), 홍고추(1개), 소금(1), 귤껍질(5개 분량) **육수 재료** 다시마(10×10cm, 2장), 국물용 멸치(10마리), 북어채(1줌), 콩나물(1줌)
양념장 새우젓(1)+다진 마늘(2)+고춧가루(2)+고추장(0.5)+국간장(3)

만들기

1 동태는 비늘과 내장, 아가미를 제거한 뒤 20분간 해동하고,

2 무는 나박 썰고, 애호박, 양파, 대파, 청양고추, 홍고추는 먹기 좋게 썰고,

3 동태가 잠길 정도의 물에 소금(1)을 섞은 뒤 동태와 귤껍질을 넣고,
TIP! 소금과 귤껍질이 동태의 비린내를 잡아주고 살에 탄력을 더해줘요.

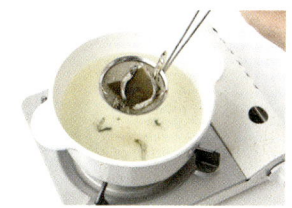

4 물(8컵)에 육수 재료를 넣고 센 불에서 15분간 끓인 뒤 건더기를 걸러내고,
TIP! 육수 재료를 찬물에 넣고 냉장실에 하루 동안 우려도 좋아요.

5 양념장을 만들고,

6 육수에 무를 넣은 뒤 양념장(⅔분량)을 풀어 끓이고,

7 손질한 동태와 알, 고니를 넣어 끓이고,

8 손질한 채소를 넣고 남은 양념장을 얹은 뒤 20분 정도 더 끓여 마무리.

PART 6
완벽한 메인요리

여기까지 오시다니 박수를 보냅니다!
이젠 제법 요리에 자신감이 붙으셨죠?
손님상에 내어놓아도 손색없는
메인요리를 소개할게요.

완벽한 메인요리

01

돼지갈비강정

유귀열의 초초 요리법 · **PART6 완벽한 메인요리**

매콤달콤한 양념장을 손에 묻혀가며 뜯어 먹는 재미가 있는 돼지갈비강정이에요.
돼지등갈비를 삶아 잡내를 없앤 뒤 밑간에 재웠다 튀겨야 간이 쏙 배어들어 맛있답니다.

재료

돼지고기(등갈비 600g)
양념장 고운 고춧가루(1)+생강즙(0.5)+간장(4)+물엿(5)+다진 마늘(1)+청양고추(1개)
갈비 삶는 재료 월계수잎(1), 마늘(5쪽), 양파($\frac{1}{2}$개), 통후추(5알)　**양념** 소금(0.5), 후추(0.3), 다진 마늘(0.5), 전분(3)

만들기

1 돼지 등갈비는 찬물(6컵)에 30분 동안 담가 핏물을 빼고,

2 물(1컵)과 **양념장**을 섞고,

3 핏물 뺀 돼지갈비에 잠길 만큼 물을 부어 **갈비 삶는 재료**를 넣고 15분간 삶아 건지고 소금, 후추, 다진 마늘로 간하여 20분 정도 재운 뒤 전분을 뿌려 10분간 더 두고,

4 170℃로 예열한 식용유에 4~5분 정도 튀겨 건지고,

5 팬에 양념장을 넣고 끓어오르면 튀긴 등갈비를 넣어 5분간 졸여 마무리.

완벽한 메인요리
02
우엉곤약잡채

짭조름하게 조린 우엉과 곤약에 아삭아삭한 파프리카와 양파를 볶아 넣으니
당면 없이도 훌륭한 건강 잡채가 완성되었어요.
우엉과 곤약은 최대한 가늘게 채 썰어야 식감이 살아나요.

재료 곤약(1개=500g), 우엉(20cm), 양파(½개), 빨간 파프리카(½개), 노란 파프리카(½개), 청피망(½개)
선택 재료 당근(½개) **양념장** 설탕(1.5), 소금(1), 간장(4), 올리고당(1)
양념 소금(약간), 검은깨(약간)

만들기

1 곤약과 우엉은 얇게 채 썰고, 양파와 파프리카, 피망, 당근도 채 썰고,

2 우엉은 끓는 물(4컵)에 3분간 데쳐 건지고,

3 곤약도 끓는 물(4컵)에 3분간 데쳐 건지고,

4 중간 불로 달군 팬에 우엉과 **양념장**, 물(½컵)을 넣어 볶듯이 조리고, 데친 곤약을 넣어 물기가 없어질 때까지 조리고,

5 중간 불로 달군 다른 팬에 식용유(2)를 두르고 손질한 채소를 넣어 소금(약간)을 뿌려가며 볶아 식히고,
TIP! 색이 선명하도록 볶아주세요.

6 그릇에 볶은 채소를 담고 졸인 우엉과 곤약을 올린 뒤 검은깨를 뿌려 마무리.

완벽한 메인요리

03
곤약감자조림

유귀열의 초초 요리법 · **PART 6 완벽한 메인요리**

식이섬유소가 풍부한 곤약은 장의 활동을 돕고 콜레스테롤 수치를 낮춰 다이어트에 좋은 식재료예요.
살짝 데쳐 조리해야 특유의 냄새가 나지 않아요.

재료
곤약(1개=500g), 감자(1개), 꽈리고추(10개), 마른 고추(2개)
양념 간장(⅓컵), 올리고당(½컵), 고운 고춧가루(2)

만들기

1 곤약은 0.5cm 두께로 잘라 가운데 ⅔정도 칼집을 넣고 한쪽을 뒤집어 꺼내 모양을 만들고, 감자는 껍질을 벗겨 사방 2cm로 깍둑 썰고,

2 끓는 물에 식초 한 방울을 넣고 곤약을 살짝 데쳐 건지고,

3 깍둑 썬 감자는 찬물에 담가두고,

4 꽈리고추는 꼭지를 떼고, 마른 고추는 굵게 어슷 썰고,

5 팬에 물(1컵)과 **양념**을 넣어 끓으면 감자를 넣고 10분간 졸인 뒤 곤약을 넣어 중간 불에서 15분 정도 조리고,

6 꽈리고추와 마른 고추를 넣어 국물이 거의 졸아들 때까지 조려 마무리.

완벽한 메인요리
04
시래기코다리조림

코다리조림에 시래기를 넣어 조리면 구수한 맛이 더해져 한결 맛있답니다.
부드러운 코다리 살에 양념이 쏙 배어든 시래기 건져 먹는 맛이 일품이에요.

재료
시래기(1kg), 대파(1대), 청양고추(3개), 코다리(2마리)
시래기 양념 다진 마늘(2), 다진 대파(2), 들기름(3), 국간장(2), 들깻가루(2)
양념장 간장($\frac{1}{2}$컵)+다진 마늘(2.5)+굵은 고춧가루(4)+물엿($\frac{1}{2}$컵)

만들기

1 삶은 시래기는 물에 헹군 뒤 물기를 꼭 짜 7~8cm 길이로 자르고,

2 대파와 청양고추는 어슷 썰고,

3 코다리는 지느러미를 잘라내고 토막 낸 뒤 깨끗이 씻어 물기를 빼고,

4 시래기는 **시래기 양념**에 고루 무치고,

5 팬에 시래기, 코다리, 청양고추, 대파를 넣고,

6 양념장과 물(4컵)을 넣은 뒤 20분간 조려 마무리.

시래기볶음

재료
삶은 시래기(1kg)
양념 다진 마늘(2), 다진 대파(2), 들기름(3), 국간장(2), 들깻가루(2)

만들기
1 삶은 시래기는 물에 헹군 뒤 물기를 빼 7~8cm 길이로 자르고,
2 시래기에 다진 마늘, 다진 대파, 들기름, 국간장을 넣어 조물조물 무치고,
3 양념한 시래기에 자작하게 잠길 정도로 물을 부은 뒤 뚜껑을 덮고 약한 불에 뭉근히 조리고,
4 물기가 거의 없어질 때까지 조린 뒤 들깻가루를 넣어 마무리.

완벽한 메인요리
05
묵은지찜

묵은지를 물에 씻어 양념을 털어내고 육수에 조려내면
담백하면서도 감칠맛이 살아 있는 묵은지찜이 완성돼요.
들깻가루를 더해 구수한 맛이 좋답니다.

재료

배추김치(400g), 쪽파(1대), 실고추(약간)
육수 재료 마늘(8쪽), 양파($\frac{1}{4}$개), 대파(20cm), 청양고추(3개), 시판 다시백(2개)
양념 설탕(3), 된장(1), 들기름(2), 다진 마늘(1), 들깻가루(2)

만들기

1 냄비에 물(5컵)과 **육수 재료**를 넣고
   20분간 끓여 육수를 만들고,
   TIP! 시판 다시백을 넣으면 감칠맛을 손쉽게 낼 수 있어요

2 배추김치는 흐르는 물에 깨끗이 씻어
   물기를 제거한 뒤 설탕물(물3컵+설탕3)에
   10분 정도 담가두고,
   TIP! 김치를 설탕물에 담가두면 군내가 없어져요.

3 배추김치의 물기를 제거한 뒤 밑동 부분에
   칼집을 넣고 된장, 들기름, 다진 마늘을
   넣어 버무리고,

4 육수가 끓어오르면 건더기를 건져낸
   뒤 양념한 배추김치를 넣어 30분 정도
   끓이고,

5 배추김치가 부드럽게 익으면 들깻가루를 넣어 한소끔
   끓인 뒤 송송 썬 쪽파, 실고추를 올려 마무리.

완벽한 메인요리
06
갈치조림

맛있는 갈치조림을 만드는 비결은 조릴 때 얼음을 넣어주는 거예요.
뜨거운 국물에 얼음이 들어가면 온도차로 인해 갈치에 양념이 더 잘 배어든답니다.
갈치를 참치액젓에 재웠다 사용하면 감칠맛이 좋아질 뿐 아니라 살이 더 탱탱해져요.

재료 갈치(1마리), 참치액젓($\frac{1}{2}$컵), 무($\frac{1}{2}$토막), 청양고추(10개), 대파(1대)
양념장 쌈장(1)+고추장(0.5)+간장(2)+매실청(2)+다진 마늘(1)+고춧가루(6)

만들기

1. 토막 낸 갈치는 칼로 은분을 긁어내고 속까지 깨끗하게 씻어 참치액젓에 10분간 재우고,

2. 무는 큼직하게 썰어 준비하고, 청양고추는 꼭지만 따고, 대파는 어슷 썰고,

3. **양념장**을 만들고,

4. 냄비에 고추, 무, 갈치, 대파 순으로 넣고 양념장을 얹어 센 불로 끓이고,
TIP! 청양고추를 밑에 깔면 냄비 타는 것을 막아주고 칼칼하고 진한 맛이 우러나요.

5. 국물이 끓어오르면 얼음($\frac{1}{2}$컵)을 가장자리에 넣은 뒤 다시 끓어오르면 얼음($\frac{1}{2}$컵)을 한 번 더 넣고,

6. 중간 불로 줄인 뒤 뚜껑을 덮고 15분간 국물이 자작하게 졸아들 때까지 끓여 마무리.

대파불고기 맛의 비결은 대파채에 소주와 식초를 섞어 살살 뿌려주는 거예요.
대파의 풍미가 자연스레 고기에 배어들고 대파의 식감도 더욱 아삭해진답니다.
당면은 따로 삶은 뒤 마지막에 넣어줘야 붇지 않아요.

재료 쇠고기(불고기용 600g), 느타리버섯(1줌), 양파(1개), 대파(1대), 달걀(1개), 삶은 당면(3줌)
고기 밑간 꿀(3), 참기름(2) **양념장** 간장(7.5)+맛술(4)+생강즙(0.5)+다진 마늘(2)+다진 대파(½컵)
양념 소주(½컵), 식초(0.5)

만들기

1 불고기용 쇠고기는 먹기 좋은 크기로 자르고, 느타리버섯은 갈라놓고, 양파, 대파는 채 썰고,

2 꿀(3)과 참기름(2)을 쇠고기에 버무려 5분 정도 재우고,

TIP! 꿀의 당 성분이 고기를 짧은 시간 안에 부드럽게 해줘요.

3 대파채는 얼음물에 5분간 담가 매운맛을 제거하고,

4 물(2컵)에 **양념장**을 넣어 섞은 뒤 달걀을 넣어 거품기로 섞고,

TIP! 불고기 양념에 달걀을 넣으면 점성이 더해져 양념이 쏙 배요.

5 밑간한 쇠고기에 달걀 섞은 양념장(10)을 넣어 버무리고,

6 달군 팬에 남은 양념장을 부어 끓이오르면 느타리버섯, 양파를 넣고, 국물이 다시 끓으면 양념한 쇠고기를 넣어 풀고,

7 고기가 익으면 대파채를 올린 뒤 소주(½컵)와 식초(0.5)를 섞어 파채 위에 살살 뿌리고,

TIP! 식초와 소주를 섞어 뿌리면 대파 천연의 단맛과 향이 고기에 배어들고 대파는 훨씬 아삭해져요.

8 식초소주가 흘러내리면 전체적으로 섞고 삶은 당면을 넣어 마무리.

완벽한 메인요리

08
주꾸미삼겹살

매콤한 양념장과 쫄깃한 주꾸미, 고소한 돼지고기가 환상의 조화를 이루는 주꾸미삼겹살.
돼지고기 볶을 때 고춧가루를 넣으면 고추기름을 따로 넣지 않아도 불맛이 난답니다.
익는 속도가 다르니 주꾸미는 나중에 넣고 볶아주세요.

재 료 주꾸미(600g), 삼겹살(300g), 홍고추(2개), 청양고추(3개), 대파(1대), 부추(1줌)
양념 밀가루(1컵), 레몬식초(2), 고춧가루(1), 튀김가루(1)
양념장 고춧가루(4)+설탕(2.5)+고추장(2)+간장(1)+다진 마늘(2)

만들기

1 주꾸미는 내장, 먹물, 눈을 제거해 먹기 좋은 크기로 썰고,

2 밀가루(1컵)에 물(½컵)을 섞어 주꾸미를 넣고 박박 문질러 씻은 뒤 레몬식초(1)를 푼 물(1컵)에 헹궈 바로 건지고,

3 삼겹살은 레몬식초(1)를 넣어 조물조물 주무르고,
TIP! 해산물 비린내는 레몬, 고기 누린내를 잡는 데는 식초가 좋아 레몬식초를 썼어요.

4 홍고추, 청양고추, 대파는 송송 썰고, 부추는 먹기 좋은 길이로 썰고,

5 **양념장**을 만들고,
TIP! 고추의 캡사이신 성분이 기름에 끓으면서 숯불에 구운 듯 풍부한 직화구이 맛을 내요.

6 팬에 식용유(1)를 두르고 삼겹살을 3~4분간 볶다가 고춧가루(1)를 넣어 볶고,

7 고추기름이 어느 정도 나오면 주꾸미, 양념장을 넣고 2분 정도 볶고,

8 고추, 대파를 넣고 2분간 더 볶고,

9 튀김가루(1)를 섞은 뒤 그릇에 부추를 깔고 주꾸미삼겹살볶음을 올려 마무리.
TIP! 튀김가루를 넣으면 국물이 걸쭉해져서 양념이 고루 묻어요.

집에서 자주 해먹는 제육볶음에 대파를 푸짐하게 넣어보세요.
대파의 풍미와 단맛이 스며들어 맛이 더욱 고급스러워진답니다.
카레가루 한 스푼으로 감칠맛을 더했어요.

재료 돼지고기(앞다릿살 300g), 청양고추(2개), 마늘(5쪽), 대파(3대), 카레가루(1)
양념장 고춧가루(1)+고추장(1)+물엿(2)+올리브유(2)

만들기

1 **양념장**을 만들고,

2 돼지고기는 얇게 썰어 양념장에 버무리고,

3 청양고추는 어슷 썰고, 마늘은 얇게 썰고, 대파는 5cm 길이로 자르고, 흰 부분 한 토막은 채 썰어 찬물(1컵)에 담가두고,

4 달군 팬에 양념한 돼지고기를 넣어 중간 불로 볶고,

5 고기가 거의 익으면 대파, 마늘, 청양고추를 넣어 5분간 볶은 뒤 카레가루를 넣어 섞고,

6 그릇에 담은 뒤 채 썬 대파를 얹어 마무리.

완벽한 메인요리
10
시금치 돼지불백

만능 유자배청을 만들어두고 다양한 요리에 활용해보세요.
고기요리에 넣으면 자연스러운 단맛을 내줄 뿐 아니라 잡내를 없애고 고기를 부드럽게 해준답니다.

재료 시금치(½단), 마늘(5~6쪽), 돼지고기(목살 500g)
양념장 간장(5)+유자배청(2)+고춧가루(1)

만들기

1 시금치는 뿌리를 떼어내고 깨끗이 씻어 준비하고, 마늘은 납작 썰고,

2 돼지고기는 한입 크기로 썰고,

3 **양념장**을 만들고,

4 중간 불로 달군 팬에 식용유(1)를 두르고 납작 썬 마늘을 넣어 1~2분간 볶고,

5 돼지고기를 넣어 볶다가 고기가 다 익어갈 때쯤 양념장을 넣어 3분간 더 볶고,

6 시금치를 넣고 살짝 볶아 마무리.

만능 유자배청 만들기

재료
유자(8개), 배(⅓개), 설탕(7컵), 소금(약간)
TIP 유자와 설탕을 같은 양으로 넣어주세요.

만들기
1 유자는 반으로 잘라 씨를 제거한 뒤 먹기 좋은 크기로 자르고, 배는 큼직하게 썰고,
2 배와 손질한 유자를 믹서에 넣어 갈고,
3 갈아놓은 유자와 배에 설탕을 넣어 고루 섞은 뒤 소금을 넣어 섞고,
4 병에 담아 냉장 보관해 마무리.
TIP 숙성할 필요 없이 당일부터 먹어도 좋아요.

완벽한 메인요리

II

차돌박이 숙주볶음

유귀열의 초초 요리법 · **PART 6 완벽한 메인요리**

기름기가 풍부해 구수한 맛이 좋은 차돌박이는 두께가 얇아 빠르게 익는데요.
된장국이나 샤브샤브에 넣어도 좋지만 숙주와 함께 볶으면 순식간에 일품요리를 완성할 수 있어요.
취향에 따라 소스를 바꾸어 색다른 맛으로도 즐겨보세요.

재료 차돌박이(200g), 숙주(200g), 마늘종(2대), 청양고추(2개), 홍고추(1개)
선택 재료 양파($\frac{1}{2}$개), 부추($\frac{1}{2}$줌)
소스 굴소스(2)+참기름(1)+전분(0.5)

만들기

1 차돌박이는 키친타월로 눌러 핏물을 제거하고,

2 숙주는 깨끗이 씻고, 마늘종은 한입 크기로 썰고, 고추는 어슷 썰고, 양파, 부추는 썰어 찬물에 5분간 담가두고,

3 **소스**를 만들고,
TIP! 전분을 넣으면 농도가 걸쭉해지고 먹음직스럽게 윤기가 흘러요.

4 달군 팬에 차돌박이를 넣어 핏기가 없어질 정도로 볶고,
TIP! 차돌박이는 자체에 기름기가 있어 볶을 때 식용유를 따로 두르지 않아도 돼요

5 청양고추, 홍고추, 마늘종, 숙주, 소스를 넣어 골고루 볶고,

6 그릇에 차돌박이 숙주볶음을 담고 양파, 부추를 올려 마무리.

완벽한 메인요리

12
황태구이

부드럽게 구운 황태구이만 있으면 밥 한 공기 순식간에 비우게 되죠.
초벌구이를 한 뒤 양념장을 조금씩 덧발라가며 익혀야 타지 않고 맛있는 황태구이를 만들 수 있어요.

재료 황태(2마리), 쪽파(1대), 참깨(1)
밑간 간장(0.5), 들기름(3)
양념장 굵은 고춧가루(2)+간장(1)+고추장(1)+조청(3)+들기름(3)+다진 마늘(1)+다진 파(1)+소주(2)

만들기

1 황태는 머리를 떼어내고 물에 살짝 적셔 부드러워지면 지느러미와 꼬리, 잔뼈를 제거하고,
TIP! 등 쪽에 2~3cm 간격으로 칼집을 넣어주면 구울 때 오그라들지 않고 양념이 잘 배요.

2 황태에 **밑간**을 고루 묻히고,

3 팬에 밑간한 황태를 올려 중간 불에서 노릇하게 초벌구이하고,
TIP! 팬을 달구지 않고 올려 살 쪽부터 구워야 오그라들지 않아요.

4 **양념장**을 만들고,
TIP! 소주에 들어 있는 알코올, 효소, 당분이 황태의 단백질을 부드럽게 하고 양념이 더 잘 배게 해줘요.

5 양념장을 황태의 살 쪽만 살짝 바른 뒤 마른 팬에 올려 살 쪽부터 굽고,
TIP! 황태를 먼저 팬에 넣고 불을 켜야 양념이 타지 않아요.

6 양념을 덧발라가며 앞뒤로 약간 태우듯이 굽고,

7 먹기 좋은 크기로 잘라 쪽파와 참깨를 뿌려 마무리.

완벽한 메인요리

13

소갈비찜

잔칫상에 빼놓을 수 없는 소갈비찜을 맛있게 완성하는 비결은 바로 수정과예요.
소갈비에 수정과를 넣으면 고기가 부드러워질 뿐 아니라 잡내도 제거된답니다.
감칠맛이 덜한 수입쇠고기를 이용할 경우 들깻가루를 넣으면 고소한 맛이 살아나요.

재료
소갈비(2kg), 수정과(3컵), 배($\frac{1}{2}$개), 당근(1개), 무($\frac{1}{2}$개), 밤(10개)
양념장 수정과($\frac{3}{8}$컵)+간장($\frac{3}{8}$컵)+물엿(1컵)+다진 마늘(2)+다진 대파($\frac{3}{8}$컵)+다진 양파($\frac{3}{8}$컵)+후춧가루(약간)+참기름(2)
양념 들깻가루(1)

만들기

1 소갈비는 수정과(3컵)를 탄 물(9컵)에 담가 30분 정도 두었다가 찬물에 씻어 물기를 제거하고,
TIP! 수정과의 당분이 연육작용을 하고 잡내도 잡아줘요.

2 **양념장**을 만들고,

3 배와 당근, 무는 깍둑 썰고, 밤은 껍질을 벗기고,

4 냄비에 물(6컵)을 넣고 양념장을 풀어 센 불에서 끓어오르면 갈비를 넣어 끓이고,

5 부유물이 올라오면 걷어준 뒤 뚜껑을 닫고 중간 불에서 1시간 정도 끓이고,

6 배와 당근, 무, 밤을 넣고 들깻가루(1)를 넣은 뒤 약한 불로 20분 더 끓여 마무리.
TIP! 들깻가루를 넣으면 고소한 맛이 살아나요.

완벽한 메인요리

14
비빔국수

만능 비빔장만 있으면 새콤달콤 침 고이는 비빔국수를 순식간에 완성할 수 있어요.
비빔장을 넉넉하게 만들어두고 소면을 삶아 집에 있는 채소만 올려주면 끝!

재료
소면(1줌), 상추(5장), 오이(½개), 어린잎채소(1줌), 삶은 달걀(1개)
만능 비빔장 고운 고춧가루(1컵)+설탕(1컵)+2배 사과식초(1컵)+고추장(⅔컵)+물엿(1컵)+생고추냉이(1)+간 사과(3)+생막걸리(½컵) **양념** 참기름(1), 참깨(0.3) **TIP!** 생막걸리를 넣으면 양념장이 발효가 되어 맛이 훨씬 부드러워요.

만들기

1 끓는 물에 소면을 넣고 4분간 삶아 찬물에 헹궈 물기를 빼고,

2 **만능 비빔장**을 만들고,

3 상추는 한입 크기로 뜯고, 오이는 채 썰고, 어린잎채소는 씻어두고,

4 삶은 소면에 만능 비빔장(3)과 참기름(1)을 넣어 버무리고,

5 준비한 채소와 삶은 달걀을 얹은 뒤 만능 비빔장(1)을 올리고 참깨를 뿌려 마무리.

완벽한 메인요리

15
돼지고기 홍삼고추장구이

면역력을 두 배로 높여주는 최고급 한정식집 메뉴를 재현해봤어요.
고추장에 홍삼농축액을 더하면 각종 한약재를 넣고 2년 동안 숙성한 맛을 손쉽게 낼 수 있어요.

재료
돼지고기(목살 500g)
양념장 고춧가루(2)+설탕(1)+홍삼고추장(2)+간장(1)+다진 마늘(2)+다진 대파(2)+후춧가루(약간)+식용유(2)
양념 소주($\frac{1}{2}$컵) — **TIP!** 홍삼고추장은 고추장(1kg)에 홍삼농축액(3)을 섞어 만들어요.

만들기

1 돼지고기는 5~6mm 두께로 준비해 1cm 간격으로 벌집 모양 칼집을 내고,
TIP! 돼지고기 목살에는 면역력을 높여주는 리놀렌산이 풍부해요.

2 **양념장**을 만들고,

3 돼지고기에 양념장을 넣어 버무리고,

4 달군 팬에 소주($\frac{1}{2}$컵)를 부어 치익 소리가 나면 양념한 고기를 올리고,
TIP! 달군 팬에 소주를 부으면 순간적으로 알코올이 날아가면서 고기가 속까지 잘 익고 타는 것도 막아줘요.

5 중간 불에서 앞뒤로 골고루 익혀 마무리.
TIP! 달래나 채소를 고기에 얹어 먹으면 더욱 맛있어요.

PART 7
고수의 일품요리

갓귀열의 특급 요리!
어디에서도 쉽게 맛볼 수 없는
특별한 맛을 선사합니다!

고수의 일품요리

01
새우겨자냉채

알싸한 겨자소스가 입맛 돋우는 냉채예요.
다양한 채소를 넣어 만들어보세요.

재료 냉동 새우(50g), 빨간 파프리카(½개), 노란 파프리카(½개), 오이(½개)
선택 재료 게맛살(1줄), 어린잎채소(1줌=10g)
소스 다진 마늘(1.5)+설탕(2.5)+식초(4)+간장(0.5)+강겨자(1)

만들기

1 냉동 새우는 해동하여 끓는 물에 데쳐 식히고,

2 파프리카, 오이는 곱게 채 썰고, 게맛살은 잘게 찢고, 어린잎채소는 흐르는 물에 헹궈 건지고,
TIP! 오이는 씨를 제거해요.

3 **소스**를 만들고,

4 그릇에 오이, 게맛살, 파프리카를 담고 데친 새우를 얹고,

5 어린잎채소를 올린 뒤 소스를 곁들여 마무리.

고수의 일품요리

02
말린도토리묵

유귀열의 초초 요리법 · PART 7 **고수의 일품요리**

은이버섯은 마라탕집에서 볼 수 있는 하얀 버섯인데요.
요리에 장식하면 꽃이 피어난 듯 화려해진답니다.
쫄깃한 도토리묵과 목이버섯은 양념해 볶고 나머지 채소는 따로 볶아 식감과 색을 살렸어요.

재료 말린 도토리묵(1컵), 은이버섯(2개), 파프리카(빨강, 노랑 ½개씩), 청피망(½개), 양파(½개), 소금(약간), 참기름(약간)
선택 재료 목이버섯(½컵), 당근(½개)
양념 간장(4), 올리고당(1), 설탕(1.5)

만들기

1 말린 도토리묵은 물에 불려서 말랑해질 때까지 삶아 찬물에 씻어 건지고,

2 불린 목이버섯은 채 썰고, 불린 은이버섯은 한입 크기로 찢고,

3 파프리카, 피망, 양파, 당근은 채 썰어 중간 불로 달군 팬에 식용유(2)를 둘러 볶아 꺼내고,

4 중간 불로 달군 팬에 은이버섯과 소금, 참기름을 넣어 1~2분간 볶은 뒤 꺼내고,

5 중간 불로 달군 팬에 도토리묵과 간장(1), 올리고당(1)을 넣고 볶아 꺼낸 뒤 목이버섯과 나머지 **양념**을 넣어 1~2분간 볶아 꺼내고,

6 볶은 도토리묵과 채소를 섞어 그릇에 담은 뒤 은이버섯을 돌려 담고 맨 위에 목이버섯을 얹어 마무리.

고수의 일품요리

03
실파김치

실파 나오는 시기에 한 단 사다가 김치로 담가보세요.
실파는 쪽파보다 맵지 않고 부드러워요.
양념장을 넉넉히 만들었다면 부추도 무쳐 부추김치를 담가도 좋아요.

재료

실파(1단=400g)
찹쌀풀 물(1컵), 찹쌀가루(3)
양념장 멸치액젓($\frac{1}{2}$컵)+고춧가루(5)+참깨(2)+다진 마늘(2)+다진생강(1)+매실청(3)

만들기

1 실파는 뿌리와 끝부분을 잘라 다듬은 뒤 깨끗이 씻고,

2 물에 찹쌀가루를 뭉치지 않게 풀어 약한 불에 올린 뒤 저어가며 찹쌀풀을 만들고,

3 **양념장**을 만들어 찹쌀풀과 섞고,

4 실파에 양념장을 고루 바르고,

5 그릇에 담아 마무리.

고수의 일품요리

04
떡잡채

떡 같기도 하고 면 같기도 한 누들 떡볶이떡을 사용해 색다른 요리를 만들어보세요.
재료만 준비하면 만드는 건 금방이랍니다.

재료

누들 떡볶이떡(200g), 적양파($\frac{1}{2}$개), 청피망($\frac{1}{2}$개), 홍피망($\frac{1}{2}$개), 노란 파프리카($\frac{1}{2}$개)
잡채양념 간장(3), 갈색물엿(1), 갈색설탕(1), 맛술(0.5), 통후추(5알), 마늘(1쪽), 생강($\frac{1}{2}$톨)
양념 참기름(2), 소금(0.2), 참깨(약간)

만들기

1 **잡채양념** 재료를 팬에 넣고 끓어오르면 2~3분 후에 불을 끄고,
TIP! 잡채양념은 당면, 말린 도토리묵, 곤약, 떡 등 다양한 잡채에도 유용하게 쓰여요.

2 떡은 끓는 물(4컵)에 2분간 데친 뒤 잡채양념(0.5)과 참기름(1)을 넣고 고루 섞어 3분간 재우고,

3 적양파와 피망, 파프리카는 곱게 채 썰고,

4 센 불로 달군 팬에 식용유(2)를 둘러 손질한 채소를 소금(0.2)으로 간해 2분간 볶고,

5 볼에 데친 떡을 넣고 식힌 잡채양념(0.5), 참기름(1), 참깨와 함께 버무린 뒤 볶은 채소를 섞어 마무리.

고수의 일품요리
05
관자셀러리냉채

고급스런 관자에 향긋한 셀러리를 더해 손님상에 내도 손색없는 냉채요리를 만들어보세요.
재료를 손질해 예쁘게 담아내기만 하면 금세 완성된답니다.

재료 냉동 관자(2개), 대파 흰부분(1대), 마늘(4쪽), 청피망($\frac{1}{2}$개), 홍피망($\frac{1}{2}$개)
선택 재료 셀러리(1대), 어린잎채소(1줌=30g)
소스 식초(0.8)+설탕(2)+굴소스(1)+간장(1.3) **양념** 고추기름(1.4)

만들기

1 냉동 관자는 해동해 4~5조각으로 썬 뒤 끓는 물에 살짝 데쳐 찬물에 헹궈 건지고,

2 대파와 마늘, 청홍피망은 곱게 다지고,

3 셀러리는 잎 부분을 떼어내고 줄기 부분만 어슷하게 채 썰고,

4 **소스**에 다진 마늘, 피망, 대파를 넣어 고루 섞은 뒤 고추기름을 넣어 섞고,

5 그릇에 셀러리, 관자를 올린 뒤 소스를 얹고 어린잎채소로 장식해 마무리.
TIP! 셀러리 잎은 끓는 물에 소금을 넣고 데친 뒤 잘게 썰어 된장에 무치면 맛있는 나물이 돼요.

고수의 일품요리
06
목이버섯냉채

잡채에서만 맛보던 목이버섯을 냉채요리의 주인공으로 만들어봤어요.
매력적인 식감에 새콤달콤한 소스가 조화를 이룬답니다.
오리엔탈소스 맛이 나는 소스는 채소 샐러드에 이용해도 좋아요.

재료 마른 목이버섯(2줌), 숙주(1줌), 청피망(½개), 적양파(½개)
소스 시럽(4)+간장(½컵)+맛술(½컵)+레몬식초(½컵)+올리브유(5)+다진 홍고추(1)+다진 청양고추(1)+다진 마늘(1)
TIP! 시럽은 물과 설탕을 1:1 비율로 섞어 만들어요. 올리브유 대신 참기름을 사용해도 좋아요.

만들기

1 목이버섯은 뜨거운 물을 부어 잠시 불린 뒤 뿌리 부분을 다듬어 한입 크기로 찢고,
TIP! 4~5배 정도로 불어나요.

2 숙주는 끓는 물에 넣었다 바로 건져 찬물에 헹궈 체에 밭치고,
TIP! 숙주 대신 팽이버섯을 사용해도 좋아요.

3 청피망, 적양파는 얇고 둥글게 썰어 찬물(4컵)에 담가 매운맛을 제거하고,

4 **소스**를 만들고,

5 손질한 목이버섯, 숙주, 청피망, 적양파를 고루 섞어 그릇에 담고 소스를 뿌려 마무리.
TIP! 소스는 작은 국자로 한 번 정도 뿌리면 적당해요.

고수의 일품요리 07
족발냉채

유귀열의 초초 요리법 · PART 7 **고수의 일품요리**

콜라겐이 풍부한 족발에 비타민 C 가득한 채소를 곁들여 건강한 냉채요리로 변신시켜보세요.
매콤 새콤한 소스와 쫀득한 족발, 아삭한 채소가 어우러져 끝도 없이 들어가요.

재료 족발(200g), 적양파(½개), 대파 흰부분(1대), 빨간 파프리카(½개), 노란 파프리카(½개), 청피망(½개), 어린잎채소(1줌)
소스 식초(1)+간장(2.5)+올리고당(2)+올리브유(5)+다진 양파(⅓컵)+다진 청양고추(⅓컵)

만들기

1 족발은 시판용 뼈 없는 것으로 준비해 얇게 썰고,

2 적양파는 얇게 썰고, 대파는 채 썰어 물에 씻어 건지고,

3 파프리카, 피망은 얇게 채 썰고, 어린잎채소는 씻어 건지고,

4 **소스**를 만들고,

5 그릇에 족발을 고루 펴 담고 손질한 채소를 가지런히 올린 뒤 소스를 끼얹어 마무리.

고수의 일품요리
08
육전

입에서 살살 녹는 고소한 육전은 명절이나 손님 오셨을 때 준비하게 되는 고급 전이죠.
기름기 많은 전에 파채를 곁들이면 색다른 맛을 느낄 수 있어요.

재료 쇠고기(홍두깨살 8장=100g), 대파 흰부분(1대), 밀가루(½컵), 달걀(2개)
밑간 소금(약간), 후춧가루(약간)
초간장 고춧가루(1)+간장(1)+식초(1)

만들기

1. 쇠고기는 얇게 썰어 칼집을 넣은 뒤 **밑간**하고,

2. 대파는 곱게 채 썰어 찬물에 담갔다 물기를 빼고,

3. 밑간한 쇠고기에 밀가루를 묻히고,

4. 달걀은 고루 풀고,

5. 밀가루 묻힌 쇠고기에 달걀옷을 입힌 뒤 중간 불로 달군 팬에 식용유(5)를 둘러 앞뒤로 노릇하게 지지고,

6. 그릇에 육전을 돌려 담고 가운데 파채를 담은 뒤 **초간장**을 곁들여 마무리.
TIP! 무순, 깻잎채, 레몬 등을 곁들여도 잘 어울려요.

고수의 일품요리

09
가지냉채

부드럽게 쪄낸 가지 위에 갖은 채소를 듬뿍 올리고 매콤 새콤한 양념장을 곁들였어요.
양념장에 견과류를 다져 넣으면 고소한 맛이 더해지고 염도가 낮아져 건강에도 좋아요.

재료 가지(2개), 영양부추(1줌), 홍고추(2개), 양파(½개), 당근(½개), 견과류(캐슈넛, 아몬드 ½컵)
양념 소금(약간)
양념장 굵은 고춧가루(2)+설탕(2.5)+송송 썬 쪽파(2)+다진 마늘(1)+간장(⅓컵)+레몬식초(3)+참깨(1)+참기름(3)

만들기

1. 가지는 꼭지 부분을 2cm 정도 남기고 4쪽으로 길게 칼집을 넣고, 영양부추는 7~8cm 길이로 자르고, 홍고추는 반 갈라 씨를 털어 채 썰고, 양파, 당근도 곱게 채 썰고,

2. 가지는 김 오른 찜통에 3~5분 정도 쪄서 식히고,

3. 달군 팬에 식용유(1)를 두르고 손질한 당근, 양파, 홍고추, 영양부추를 넣어 소금으로 간해가며 센 불에 빠르게 볶아 식히고,

4. **양념장**을 만들고, 견과류는 듬성듬성 다지고,

5. 그릇에 찐 가지를 놓고 볶은 채소를 듬뿍 얹고,

6. 채소 위에 양념장을 올린 뒤 견과류를 뿌려 마무리.

고수의 일품요리

10 가지강정

튀긴 가지에 고추를 듬뿍 다져 넣어 중화풍으로 버무렸어요.
매콤함이 은은하게 배어든 달달한 맛에 쫀득한 식감이 어우러진 일품요리예요.

재 료 가지(3개), 청양고추(3개), 홍고추(1개), 쪽파(2대), 설탕(1), 소금(0.5)
튀김반죽 달걀노른자(1개), 전분($\frac{1}{3}$컵), 물($\frac{1}{3}$컵)
양념장 설탕(2)+소금(0.5)+다진 마늘(0.3)+굴소스(0.3)+참기름(1)

만들기

1 가지는 막대 모양으로 썰고,

2 손질한 가지에 설탕(1), 소금(0.5)을 넣어 1시간 이상 절인 뒤 물기를 꼭 짜고,

3 청양고추, 홍고추, 쪽파는 곱게 다지고,

4 절인 가지에 **튀김반죽**을 입혀 180℃로 예열한 기름에 노릇하게 튀겨 건지고,

5 **양념장**을 만들고,

6 튀긴 가지에 다진 고추, 쪽파, 양념장을 넣고 고루 버무려 마무리.

고수의 일품요리

II
배추겉절이

김장김치를 다 먹고 난 뒤 김치가 필요할 때 간단하게 배추겉절이를 만들어보세요.
만능양념만 준비하면 맛내기 어렵지 않아요.
절인 배추 사다가 버무리기만 하면 뚝딱 완성된답니다.

재료

절인 배추(½포기), 쪽파(10대)
양념 만능양념(전부), 참깨(0.5)

만들기

1 절인 배추는 한입 크기로 잘라 씻어 채반에 밭쳐 물기를 빼고,

2 쪽파는 4~5cm 길이로 자르고,

3 볼에 절인 배추와 쪽파를 넣고 만능양념을 넣어 골고루 버무리고,

4 참깨를 넣고 섞어 마무리.
TIP! 취향에 따라 참기름을 넣어도 좋아요.
TIP! 계절과 배추의 맛, 절인 상태에 따라 맛이 다르므로 맛을 보아가며 소금, 설탕을 가감해요.

배추겉절이 만능양념

재료 1 마른 고추(15개), 고춧가루(3), 새우젓(0.5), 굴젓(1), 사과(½개), 배(½개), 양파(½개), 무(2cm두께 ½토막)
재료 2 설탕(0.3), 물엿(1.5), 멸치액젓(1), 다진 마늘(1), 찹쌀풀(1), 혼다시(0.1), 미원(0.1)
TIP! 찹쌀풀은 되직하게 준비하세요.

만들기
1 마른 고추를 믹서에 넣고 갈다가 나머지 **재료1** 재료를 넣어 곱게 갈고,
2 **재료2**와 섞어 2일간 숙성해 마무리.
TIP! 일반 양념보다 감칠맛과 풍미를 더하기 위해 굴젓을 갈아 넣었어요.

고수의 일품요리

12
바지락칼국수

시원하고 깔끔한 바지락칼국수의 비법은 육수 낼 때 감자 껍질을 넣는 거예요.
감자를 넣으면 전분 때문에 국물이 텁텁해지지만, 껍질을 우리면 구수함과 풍미를 더하면서
시원한 바지락 국물 맛을 유지해줘요. 칼국수 넣을 때도 물에 한 번 씻어 전분기를 털어내면 한결 깔끔하답니다.

재료

애호박($\frac{1}{2}$개), 양파($\frac{1}{2}$개), 청양고추(1개), 바지락(3컵), 칼국수면(1인분)
육수 재료 다시마(1장=10×10cm), 마른 새우($\frac{1}{2}$컵), 국물용 멸치(1컵), 감자껍질(2개 분량)
양념 다진 마늘(0.3), 국간장(0.3)

만들기

1 애호박과 양파는 채 썰고, 청양고추는 어슷 썰고,

2 물(6컵)에 **육수 재료**를 넣고 20분 정도 끓인 뒤 건더기는 건져내고,

3 육수에 바지락을 넣어 입이 벌어질 때까지 데친 뒤 건져내고,

4 육수에 손질한 채소와 다진 마늘(0.3)을 넣어 끓이고,

5 칼국수면은 찬물에 한 번 헹궈 전분기를 뺀 뒤 뭉치지 않게 털면서 육수에 넣어 끓이고,

6 칼국수면이 투명해지고 채소가 떠오를 때까지 끓인 뒤 바지락과 국간장(0.3)을 넣어 마무리.

고수의 일품요리

13

더덕고추장불고기

유귀열의 초초 요리법 • PART 7 **고수의 일품요리**

더덕의 직화구이 맛을 그대로 살린 더덕고추장불고기를 만들어보세요.
사과를 갈아 넣은 만능 양념장이 깊은 맛을 내준답니다.
소금과 설탕을 섞은 물에 더덕을 불리면 껍질을 손쉽게 벗길 수 있어요.

재료 더덕(150g), 돼지고기(앞다릿살 600g), 미나리(1줌) **더덕 불리는 재료** 따뜻한 물(2컵)+설탕(1컵)+소금(1컵)
밑간 간장(1), 참기름(1) **만능 고추장** 설탕(0.5)+고춧가루(2)+다진 마늘(1)+간장(1)+양파소주(2)+
올리고당(2)+고추장(3)+강판에 간 사과즙(2) **양념** 참깨(1)

TIP! 양파(1개), 소주(1컵)를 믹서에 갈아 양파소주를 만들어요. 없으면 소주로 대체해도 좋아요.

만들기

1 더덕은 **더덕 불리는 재료**에 담가 20분간 불린 뒤 껍질을 벗기고,

TIP! 설탕의 당 성분이 더덕의 사포닌 성분을 분해하고 소금이 삼투압 현상을 일으켜 껍질이 잘 벗겨져요.

2 껍질 벗긴 더덕은 반 갈라 방망이로 두드린 뒤 4cm 길이로 썰어 **밑간**하고,

3 **만능 고추장**을 만들고,

4 돼지고기는 먹기 좋게 썬 뒤 만능 고추장(⅔ 분량)을 넣어 재우고, 남은 만능 고추장은 더덕에 넣어 버무리고,

5 중간 불로 달군 마른 팬에 양념한 더덕을 볶은 뒤 꺼내두고, 양념한 돼지고기를 넣고 젓가락으로 펴가며 10분간 볶고,

6 고기가 익으면 볶아둔 더덕과 미나리를 넣고 살짝 더 볶은 뒤 참깨를 뿌려 마무리.

고수의 일품요리

14
참외생채비빔밥

아작아작 씹히는 맛이 좋은 참외를 구수한 보리밥에 얹어 비빔밥으로 즐겨보세요.
별다른 재료를 더하지 않아도 한그릇 요리가 완성된답니다.

재료 노각 또는 참외(1개), 영양부추(1줌), 보리밥(2공기) — **TIP!** 노각이 나지 않는 철에는 참외를 사용해도 좋아요.
양념 소금(1), 설탕(5), 참기름(1), 참깨(0.5)
양념장 설탕(1)+고춧가루(0.5)+식초(1)+다진 마늘(0.5)+고추장(1)

만들기

1. 참외는 껍질을 벗기고 반 잘라 숟가락으로 씨를 긁어내고,

2. 속을 파낸 참외는 3~4mm 두께로 썰고,

3. 참외에 소금(1), 설탕(5)을 넣어 부드럽게 휘어질 때까지 절이고,

4. 영양부추는 5cm 길이로 자르고,

5. **양념장**을 만들고,
TIP! 고추장과 고춧가루는 2:1 비율로 넣어주세요.

6. 절인 참외는 손으로 살짝 눌러 물기를 짠 뒤 양념장을 넣어 버무리고,

7. 영양부추를 넣어 살짝 버무리고,

8. 보리밥 위에 참외생채를 올리고 참기름, 참깨를 뿌려 마무리.

고수의 일품요리
15
수육부추무침

수육을 맛있게 만드는 비결은 삶는 재료에 토마토를 넣어주는 거예요.
토마토가 돼지고기의 연육작용을 도와 식감이 야들야들해지고, 담백한 맛이 좋아진답니다.
물을 적게 넣는 저수분 조리법으로 수육을 삶으면 채소의 수분에 고기가 부드럽게 익고 풍미가 더해져요.

재료 돼지고기(앞다릿살 또는 삼겹살 600g), 부추(1줌), 대파(1대), 깻잎(8장)
수육 삶는 재료 무(⅓개), 양파(2개), 마늘(10쪽), 생강(1톨), 대파(1대), 토마토(2개), 소주(1), 된장(1), 새우젓(1)
양념 고춧가루(1), 참기름(2), 참깨(1), 새우젓(0.3)

만들기

1 돼지고기는 3cm 두께로 썰고,
TIP! 돼지고기는 3cm 두께로 수육을 했을 때 가장 맛있어요.

2 무는 1cm 두께로 썰고, 양파는 큼직하게 썰고, 마늘은 꼭지를 따고, 생강은 납작 썰고, 대파는 반 자르고, 토마토는 한입 크기로 썰고,

3 냄비에 손질한 채소를 깔고 고기를 올린 뒤 나머지 **수육 삶는 재료**와 물(1컵)을 넣어 끓이고,
TIP! 새우젓을 넣으면 간이 잘 배고 고기의 식감과 풍미가 좋아져요.

4 센 불에서 끓기 시작하면 뚜껑을 닫고 중간 불로 30분 정도 삶고,
TIP! 채소에서 충분히 수분이 나와서 물을 많이 넣을 필요가 없어요.

5 삶은 수육은 한 김 식혀 고기 결 반대 방향으로 썰고,

6 부추는 깨끗이 씻어 4cm 길이로 썰고, 대파는 가늘게 채 썰고, 깻잎은 잘게 송송 썰고,

7 손질한 채소에 고춧가루(1), 참기름(2), 참깨(1)를 넣어 버무리고,

8 채소무침에 수육과 새우젓(0.3)을 넣은 뒤 살살 무쳐 마무리.

고수의 일품요리
16
조기조림

매콤하게 조린 조기에 채소를 듬뿍 넣어 밥도둑 반찬을 만들어보세요.
맥주에 조기를 담가두면 알코올이 증발하면서 비린내 성분을 함께 휘발시켜 냄새를 잡아줘요.
조기는 탄력 있고 비늘이 많이 붙어 있는 것, 배 쪽이 황색을 띤 것으로 골라주세요.

재료 조기(4마리), 무(4cm), 애호박(½개), 대파(1대), 표고버섯(3개), 청양고추(2개), 홍고추(2개)
선택 재료 맥주(1컵) **양념** 소금(1), 메밀가루(3), 들기름(2)
양념장 국간장(3)+고춧가루(1)+매실청(1)+다진 마늘(1)

만들기

1. 조기는 내장과 지느러미, 비늘을 제거한 뒤 맥주에 담가두고,

2. **양념장**을 만들고,
TIP! 미리 만들어 숙성해두면 좋아요.

3. 무, 애호박, 대파, 표고버섯, 청양고추, 홍고추는 큼직하게 썰고,

4. 조기는 건져 소금(1)을 솔솔 뿌리고,

5. 조기에 메밀가루 옷을 입힌 뒤 달군 팬에 식용유(1), 들기름(2)을 둘러 초벌로 굽고,

6. 냄비에 두툼하게 썬 무와 양념장(½ 분량), 물(1컵)을 넣어 10분간 끓이고,

7. 초벌구이한 조기를 넣어 10분간 끓이고,

8. 애호박, 대파, 버섯, 고추를 남은 양념장과 함께 넣고,

9. 약한 불로 채소가 익을 때까지 조려 마무리.

고수의 일품요리

17
감자채 잡채

감자채에 스팸과 청양고추를 더해 잡채를 만들었어요.
모든 재료를 따로 볶아줘야 각각의 맛과 식감을 살릴 수 있어요.
짭조름한 스팸이 들어가 따로 간을 하지 않아도 괜찮아요.

재료 감자(2개), 스팸(⅓캔), 청양고추(4개)
양념 소금(0.5), 식초(1)

만들기

1 감자는 껍질을 벗긴 뒤 얇게 채 썰어 물에 담가두고,

2 스팸은 채 썰고, 청양고추는 씨를 빼고 얇게 채 썰고,

3 끓는 물(6컵)에 소금(0.5)을 넣어 감자채를 살짝 데쳐 건지고,

4 중간 불로 달군 팬에 식용유(3)를 두른 뒤 데친 감자채와 식초(1)를 넣어 5분간 볶아 넓은 쟁반에 펼쳐두고,

5 약한 불로 달군 마른 팬에 스팸과 청양고추를 각각 볶아 꺼내고,

6 볶은 재료를 모두 섞어 마무리.
TIP! 모든 재료를 따로 볶아주는 것이 포인트예요.

찾아보기
INDEX

ㄱ

가지강정	216
가지냉채	214
가지된장구이	126
갈치조림	176
감자샐러드	76
감자채볶음	134
감자채잡채	230
건파래무침	70
고추장찌개	144
곤약감자조림	170
곤약메추리알조림	54
관자셀러리냉채	206
굴전	110
굴초간장회	32
궁채나물	88
김치어묵볶음	118
김치전	106
김치콩나물국	138

ㄴ

냉이튀김	98
늙은호박전	104

ㄷ

대구탕	158
대파불고기	178
대파제육볶음	182
더덕고추장불고기	222
더덕북어무침	44
도라지오징어무침	38
도라지튀김	114

동태탕	162
돼지갈비강정	166
돼지고기육개장	156
돼지고기홍삼고추장구이	194
된장톳두부무침	30
두부달래장	78
들깨탕	140

ㄸ

떡잡채	204

ㅁ

마른멸치무침	50
말린도토리묵	200
멸치부추볶음	122
목이버섯냉채	208
무된장박이 쇠고기볶음	52
무생채	64
묵은지찜	174
물미역초회	34

ㅂ

바지락칼국수	220
배추겉절이	218
뱅어포구이	130
북어보푸라기	56
비빔국수	192

ㅅ

새송이감자볶음	120
새우겨자냉채	198
새우초석잠튀김	102

찾아보기
INDEX

생표고버섯강정	26
세발나물달걀말이	20
소갈비찜	190
쇠고기가지튀김	112
수육부추무침	226
순두부찌개	142
시금치나물	80
시금치돼지불백	184
시금치된장국	146
시래기코다리조림	172
실오징어채볶음	132
실파김치	202

ㅇ
알감자치즈	22
알타리동치미	90
애호박달래간장	62
애호박새우전	108
양념생깻잎	28
양배추깻잎초절임	66
어묵가지튀김	100
얼큰버섯전골	148
얼큰주꾸미전골	150
연근무침	86
오이꼬시래기무침	48
오이지	60
오이진미채무침	42
우럭매운탕	160
우엉곤약잡채	168
우엉영양부추무침	68
육전	212

ㅈ
조기조림	228
족발냉채	210
주꾸미맑은탕	154
주꾸미삼겹살	180
진미채땅콩무침	16

ㅊ
차돌박이숙주볶음	186
참나물	84
참외생채비빔밥	224
청국장가지구이	124
청양고추전	94
청포묵콩가루무침	24
치즈감자전	96
치커리나물	82

ㅌ
토마토겉절이	72
톳곤약조림	36
통곡물오징어젓갈	46
통도라지찹쌀구이	128

ㅎ
해초샐러드	74
호두강정	18
호두연근조림	40
황태구이	188
황탯국	152